天下文化
BELIEVE IN READING

資訊超載
的幸福與詛咒

Too Much Information
Understanding What You Don't Want to Know

哈佛大學法學院教授、《雜訊》作者
凱斯‧桑思汀 Cass R. Sunstein ——著

林俊宏——譯

唉！他們何苦知道自己的命運？

須知哀傷不會來得太晚，

而幸福又總去得太快。

思慮會摧毀他們的天堂。

別再執迷；若無知是幸福，

智慧豈不就是愚人的錯誤。

——湯瑪斯・格雷（Thomas Grey）

〈伊頓公學遠眺〉（*Ode on a Distant Prospect of Eton College*）

我不可以不知道故事的結局。一開始讀，我就有種瘋狂
的貪欲，任何小細節都不能放過，為的是徹底感受結
局，無論酸苦或是甜蜜，直到最後完成這件我根本不需
要開始的事。妳也一樣嗎？還是妳比較懂得怎麼挑書，
無益的就棄而不讀？

——A. S.拜雅特（A. S. Byatt）

《佔有》（*Possession*）

目　次

前言
你真的想知道更多資訊嗎？

　　這本書主要想問的問題很簡單：在什麼時候，政府應該規定企業、老闆、醫院或任何人必須揭露資訊？而我提出的答案也很簡單，乍看或許還以為太簡單了，那就是當資訊對民眾生活能有顯著改善的時候。也就是說，如果民眾在這些情況下擁有資訊，能夠讓他們做出更好的選擇，變得更健康、更善用時間、更有金錢餘裕。又或者，有時當資訊讓民眾更快樂，應該也算是讓民眾的生活有所改善。但很遺憾，有時資訊並不會改善民眾的生活，無法讓民眾做出更好的選擇，也無法讓人

更快樂。有時資訊其實毫無用處；有時資訊只會讓人痛苦；有時還會讓人做出更糟的選擇。

顯而易見的，我們應該要知道資訊究竟對民眾的生活造成什麼樣的影響。但在公共政策圈，很多人抱持著截然不同的觀點，他們強調民眾有「知的權利」（right to know），主張消費者和雇主有權取得資訊（即便他們拿到資訊之後什麼都不做）；還有人強調資訊與個人自主權（personal autonomy）之間的關係，主張民眾擁有資訊就能變得更自由（即使並不會過上更好的生活）。我並不認同「知的權利」這種想法，也認為與其強調人的自主權，還不如多想想如何讓人變得幸福快樂、如何運用資訊對此做出貢獻。至少，當我們談的是政府應該如何規定企業、雇主、醫院等各方何時必須揭露資訊時，就更該以公眾的利益與福利作為主要考量。

根據以上的主張，我希望提出一個思考框架，回答全世界各地政府林林總總的問題，包括全球疫情、癌症、吸菸、氣候變遷、貧困、貸款、勞工權利、教育、性別平等、基因改造生物（genetically modified organisms,

GMOs）或分心駕駛（distracted driving）。我提出的思考框架不但能清楚指出何時強制揭露資訊是好點子，也能點出揭露時該採用何種格式。而為了理解我主要的問題、以及乍看之下再簡單不過的答案，就得先討論一些更基本的問題：人們究竟想知道些什麼？想了解到什麼程度？最後，人們究竟是「想要知道」，還是「不想知道」的時候，會犯下嚴重的錯誤？

害人不能好好享受爆米花！

　　歐巴馬執政期間，我有幸在白宮任職，監督各項聯邦法規，開始更加注意到這些問題。當時我的工作有一大部分是關於資訊揭露的法規，要求揭露例如食物熱量、營養成分、工作場所風險、高速公路安全、油耗資訊、溫室氣體排放、信用卡、貸款等資訊。消費者金融保護局（Consumer Financial Protection Bureau）有個呼籲民眾「先了解，才貸款」（Know Before You Owe）的口號，也是出於這種精神。

　　我當時一心想推動以「資訊揭露」成為一種監理策略，並認為這能讓人們的生活變得更美好。

　　某天，我寄了一封電子郵件給朋友，告訴她美國食品藥物管理局通過一項規定（而且我對此可是投入大把時間），要求包括電影院在內的許多供餐場所公告食物的熱量。我得承認，我當時很興奮，甚至還帶點得意。

　　但朋友回了我一句：「**你害人不能好好享受爆米花。**」

　　當然，我像被潑了一桶冷水。但她其實說得有道理。大家看電影就是求個開心愉快，爆米花吃個痛快，燈光暗下來之後，誰還管會不會變胖。食物熱量標示只是教人掃興。

　　我們後面會提到，實證研究顯示，我的朋友是對的：很多人並不想看到食物熱量標示，甚至還願意掏錢讓自己**不要**看到熱量標示！

　　難道食物熱量標示是個壞點子嗎？也不能這麼說。這個做法依舊可能利大於弊。某些人或許會因為看到這些標示，進而做出更好的選擇，甚至有些人會因此愛上更健康的飲食。而且，人的口味和價值觀並非一成不

變，因此分析起來也更為複雜。對某些人來說，沙拉吃久了，似乎也會變得愈來愈好吃。

然而，「不能好好享受爆米花」的風險不容小覷。順藤摸瓜會發現背後其實隱藏更重要、更耐人尋味的意涵：有些資訊會影響人們的心情，讓人覺得不愉快，卻也可能是塞翁失馬。例如當你知道自己喉嚨發炎是因為鏈球菌感染，雖然不是開心的事，你卻同時知道怎麼做才能恢復健康；知道自己的工作表現不佳，也可能激勵你設法改進。儘管有些情況下，無知才是幸福，不知道某些資訊會更好。

數十年前，我也有過這種體悟，但過程令人心碎。1976年，我父親60歲，強壯如昔、活力充沛，但在網球場上漸漸不如以往身手矯健，好幾次差點大摔一跤。妻舅羅傑是他的球友，對這種情形很擔心。過了幾個禮拜，我和母親堅持要父親去醫院徹底檢查。那天很難熬，大家身心疲憊，父親眼裡也是呆滯無神。

幾個小時後傳來了好消息，母親和醫師談過之後，帶著燦爛的笑容回到病房，告訴父親：「可以放心了！

只是一般頭痛，沒什麼事。他們還要做幾項檢查，所以你得再待一陣子，但他們說沒什麼大不了的。」接著我們三個人在醫院裡吃了一頓慶祝大餐。

一小時後，母親開車載我回家。她平靜的說：「是腦瘤，活不了了。頂多再18個月。醫師也無能為力，什麼都不能做，但這件事**不要**告訴你爸。」

我們就這麼瞞著他。他那一整年都十分樂觀，只是頭痛得愈來愈屬害。某天，我父親終於明白自己的病情。他去世前不久，向我把話說得再清楚不過，字字就像刻上了我的靈魂：「你要沒有爸爸了。」當時距離母親對我說出一樣的話，已經過了一年多。

母親隱瞞病情是為了保護自己嗎？當然，的確，肯定。但她是不是也在保護父親？答案也是肯定的。但這種做法真的對嗎？幾十年下來，我到現在還是難以判定，但希望如此。她了解父親，更了解她自己。壞消息到底該不該說、怎麼說，因人、因情況而異，並沒有一體適用的標準。而我相信，我的母親最清楚怎麼做最適合自己、也最適合她的丈夫。

　　再來談另一個故事。我平時會上網買電動刮鬍刀，也知道自己喜歡的品牌，但每次到貨時，商品通常一層層包得嚴嚴實實，光拆開包裝就是個大工程。而我最近在亞馬遜買刮鬍刀，發現頁面上出現「無煩惱包裝」（frustration-free packaging）的選項。起初我不知道是什麼意思，但聽起來好像不錯，就試著勾選這個選項。事實證明，送來的商品包裝好拆多了，確實讓人省下煩惱。

　　幾個星期後，我進一步研究無煩惱包裝的策略，並找出以下重點：

- **目的是減少浪費**：省下亞馬遜原本的繁複包裝，以適當的尺寸運送
- **經過實驗室測試的防護設計**：經過認證，將可能的損壞降到最低
- **可回收的包裝材料**：百分百可路邊回收（curbside recyclable）
- **容易拆封**：沒有硬塑膠殼、沒有難拆的綁帶

　　這裡要特別提到一點，無煩惱包裝的目的有一大部分是盡量減少對環境的危害，減少廢棄物、一切可回收。但**亞馬遜的行銷盤算卻是另一件事**，他們要傳達給消費者的訊息很簡單：新的包裝將省下你的煩惱。亞馬遜肯定經過審慎判斷，如果想讓消費者接受調整後的服務，就不能犯下「害人不能好好享受爆米花」的錯誤，也就是要帶出正面的情緒。

　　但還是有許多正確的選擇，就是會害人不能好好享受爆米花。這些資訊可能十分重要，能讓生活出現飛躍式的提升，即使乍聽之下是壞消息，最後仍可能帶來好的結果。（話雖如此，有些資訊還是別知道比較好。）我要說的重點是，希望各位能夠更加注意到「接收資訊」將會如何影響自己的情緒：接收資訊之後，在往後幾天、幾週、幾個月、甚至幾年內，究竟會讓你覺得心情更好，還是更糟？而我的另一個重點或許聽起來有點衝突：人們追求資訊往往不是為了變得更快樂，而是相信這將使人生更為充實。這當然不是什麼了不起的觀察，但我們會看到，這樣的論點有助於解開一種、甚至多種矛盾。

我的計畫

回顧我主要想問的問題：在什麼時候，政府應該要求人們揭露資訊？這個問題的層面很廣，比如賣家應該讓消費者知道什麼、雇主應該讓員工知道什麼、教育機構應該讓學生知道什麼，以及企業應該讓投資人知道什麼等等。但想找出問題真正的答案，得先從更基本的問題出發。我在第一章會大致闡述民眾為何想取得資訊、為何可能覺得某些資訊無關緊要，或是根本不想知道某些資訊；也會談到，為什麼民眾會誤以為自己想要（或不想要）得到某些資訊。我們至少可以說，人性在這一點上十分複雜，人們目前所知的資訊遠遠不及應該要知道的程度（也遠遠不及應該「想要」知道的程度）。我的目標是提出各種原則，指出未來可能的方向。

第二章至第五章的重點是各種警告與強制性標示。若問到「資訊揭露」能否讓人們變得更幸福？我認為重點在於兩個問題：第一個問題是，人們能利用這些資訊做什麼？（常常什麼也做不了。）這些資訊很可能與人

15

們認為重要的事無關；也可能過於艱澀冗長，到頭來人們只好擺出「好吧，隨便啦」的態度放棄理解。大多情況下，儘管資訊揭露在大眾眼前，卻絲毫未發揮作用。徒然消耗大量成本，依舊得不到效益。

第二個問題是，資訊帶給人們什麼樣的感覺？我想特別強調一點：**民眾想知道某項資訊，是否常常取決於他們認定這些資訊將會讓自己開心還是難過**。而我認為，這實在再合理也不過。民眾本來就希望日子過得開心一點，當然會想避開各種影響自身情緒的因素，包括資訊。

重要的是，開心不是唯一的重點。所謂美好的生活，可不只是覺得開心就夠了。當你想買下一棟房子的時候，得知到一些壞消息，這雖然會讓你難過（例如檢查不合標準），但這些資訊對你來說終究利大於弊。有時資訊並不一定讓你當下感到快樂，卻會讓你的生活變得更美好、更有意義。我之所以重視資訊帶來的情感衝擊，並不是因為人們真的在乎，反而是因為人們往往太不在乎了（不論是醫師、市場行銷人員、政府或法官，

都是如此）。而在各項條件都一致的情況下，最好別破壞大家享受爆米花的樂趣。

　　正因為有些資訊在一群人眼中是垃圾、但在另一群人眼中又是寶；有些資訊讓一群人極度不悅、其他人卻不受影響，所以我們大致可以想見，談到應該追求資訊或迴避資訊，人人都有自己的看法。有些人討厭的資訊，就是有其他人會喜歡。我們也會在後面看到，同樣是資訊揭露，某些形式比較實用，某些形式則更具影響力。（「**無煩惱**」這個詞算是一道線索。我很愛這種包裝，但當然也有人不喜歡，寧可選擇所謂「**環保包裝**」〔green packaging〕之類的選項。）我並不是要提供一部要求人人照辦的操作手冊，也不是要提出評論，斷言標示和警告都該如何調整。我的大目標是提出一個思考框架，整理相關的研究發現。

　　第六章的重點從強制資料揭露轉向社群媒體平台的相關問題（這些平台會揭露大量資訊），探索這些平台究竟讓人們過得更好、還是更糟？事實證明，光從一般經濟層面並不足以討論這項議題。這當然不教人意外，

17

但有趣的是背後的原因。而且由於看到這些不足,反而讓我們注意到正確的問題:社群媒體對人類生活的實際影響。我們會看到,研究顯示,戒掉臉書能讓人變得快樂,但用戶們還是覺得除非有人付他們一大筆錢,他們才願意放棄臉書;顯然是因為臉書足以提供他們所渴求的資訊(即使這會造成他們不快樂)。重點在於,我們認為人們追求資訊,通常是為了讓人生更充實、更有意義;然而有些事情並不會讓我們快樂,但我們還是想知道。我也會談到,繼續使用社群媒體的人,有沒有可能只是做了錯誤的決定?他們是否只是中了社群媒體的毒,而不知道這其實正在傷害他們的人生?

第七章再轉換角度,從另一個觀點切入資訊超載的問題。其中特別要談到**淤泥效應**(sludge):即政府施加於人民身上的各種行政負擔,多半是要人民提供資訊(過程有時會煩瑣到令人崩潰)。簡單來說,我的問題是:「政府究竟想知道什麼?」政府要人民交出資訊時,理由通常相當充分,但有時也極其薄弱。淤泥效應會造成昂貴的財務與心理成本,可能令人覺得沮喪或受

到羞辱，也可能傷害到最弱勢的一群人。政府需要知道的東西要更少，而且要減少淤泥效應。

　　我在這本書提到很多樹，但我們必須見樹又見林。資訊是一項強大的工具，有時甚至是最強大的工具。在許多情境下，政府確實應該提供資訊，或是要求人民提供資訊，讓我們過上更好的生活，像是路上「停車再開」的標示、菸盒上的菸害標示、藥袋上的用藥警告、手邊的GPS設備，以及生活中各種提醒訊息，因此我們會記得帳單要到期了、哪天預約看診。但有時候，少一點會更好。未來真正需要的，是更清楚了解每一項資訊發揮什麼樣的作用、真正達成哪些用途。要是我們能夠持續關注，找出問題的答案，會讓人們的生活變得更快樂、自由、長久與美好。

第一章

知識就是力量，
但無知才幸福

　　如果你想搬到新的城市，或許會想了解那裡住起來是什麼感覺；如果你要買房子，也可能會想知道屋頂是否牢靠，或是空調夠不夠力；就算是買新的筆電、車子或手機，肯定會先掌握產品資訊，包括價格、性能、耐用性等；而來到大選的投票日，你也會想知道每一位候選人的政見願景。

　　所以，我們通常認為「得到資訊」是有幫助的，但到底什麼時候得到資訊是好事？以及究竟好在哪裡？

　　事實上，我們其實沒興趣知道大量的資訊。很多資

訊對我們來說毫無價值，只不過是浪費大腦容量，還可能無聊透頂。甚至有許多資訊我們**寧可不知道**，因為這些資訊會讓我們感到不悅或痛苦；有時候我們**不想要知道**，是因為我們沒有動機想要取得某些資訊，[1]因此不會特別主動去得知某些資訊；但也有時候，我們**想要不知道**，因為我們有動機想排斥某些訊息，於是刻意主動迴避。

你沒興趣知道的事，可能包括餐廳隔壁桌那位先生頭上有幾根頭髮、你的車究竟用了哪幾種貴金屬、巷口咖啡店的豆子是來自巴西、哥倫比亞、布達佩斯，還是其他地區。而你或許想要不知道的事，諸如是否會罹患阿茲海默症、基因上是否容易得癌症和心臟病、所有同事對你的實際看法，以及你可能在幾歲時死亡；你或許也不想要知道啤酒、咖啡、披薩、冰淇淋對於健康造成的風險，這些食物可能對未來造成傷害，卻提供當下的愉悅。如果你滿腦子都想著風險，這些食物只會帶來恐懼、內疚和羞愧。這種時候，無知或許才是幸福的。（就像我今天早上量了體重，搞得我心情很糟。）

　　「資訊迴避」（information avoidance）的情況相當常見，顯示人們常常寧願不知道某些資訊，或是積極設法迴避資訊。[2]但用了哪些辦法、又付出什麼代價？我已經說過，最重要的問題應該在於「得到資訊能否讓人們變得更幸福」，而這也代表應該個別評估：某項資訊對於所涉及族群（就算只有一個人）而言，會帶來怎樣的影響？[3]當然，接下來得談到**幸福**的定義。經濟學家總愛將「支付意願」（willingness to pay, WTP）掛在嘴邊，覺得只要知道你願意為了取得某樣事物（衣服、食物、運動用品、筆記型電腦、汽車或資訊）支付多少金額，就能判斷這個事物對你的得失利益。

　　但對於將「支付意願」當做判斷標準，我有些不同的看法，而且偏向負面。真正重要的應該是人們能否幸福快樂，而不在於支付意願高低。一個明顯的缺點是：如果民眾本來就沒錢，哪談得上支付意願？但讓我們姑且先擱置這個問題，單純就支付意願進行討論：以這個方法來判斷某人想要某樣事物的程度會有哪些優缺點？從優點來看，至少原則上這項標準應該會涵蓋某人所關

心的一切面向。有時民眾會願意為了取得資訊而付出大筆金額；但有時民眾就是一毛也不想出；有些人甚至情願付錢換取「**不接受**某些資訊」。[4]

後面會看到，要談支付意願，還必須先看看民眾當時是否理性、是否擁有完整的背景資訊。關鍵在於，當他們被問到對於某項資訊的支付意願時，這些人可能根本沒有足夠的參考資訊。也就是說，他們是在「資訊不足」的狀態下，判斷自身支付意願的高低。此外，就算取得某項資訊能讓生活品質大為改進，也可能因為面臨生計困頓，加上太多的不公義，根本無心取得這些資訊。舉例來說，如果你壓根就不知道那些省錢小撇步能讓你賺到多少錢，又怎麼會有興趣得到那些資訊？此外，支付意願也會受到各種認知偏誤影響，例如現時偏誤（present bias，只看眼前而不看未來），或是現成偏誤（availability bias，誤以為承擔某些風險比較容易有成效）。

支付意願的高低，一方面可能是出於理性的選擇，希望避免痛苦；另一方面也可能想保留驚喜的可能。我們總希望在對的時間點得到資訊，太早或太晚都不行。

驚喜派對若過早露餡就沒意思了；讀懸疑小說也不能太快被劇透。但與此同時，很多人也可能低估自己的適應能力，於是一談起健康，就不想聽到任何壞消息，但其實長痛不如短痛，而且或許新的療法即將問世。

　　民眾對不同資訊的支付意願高低有別，已經足堪玩味。而更有趣的是，民眾甚至有時候願意付錢避免得到某些資訊。

「求知」的兩大動機

　　民眾通常是出於兩種動機，才會「想要知道」某些資訊。[5]第一，這些資訊可能帶來**正面情緒**（positive feelings），例如開心、樂趣、驚喜或寬慰；第二，這些資訊可能具有**工具價值**（instrumental value），能讓我們做自己想做的事、去想去的地方，以及選擇想選擇、或避免想避免的事物。

　　在行為科學領域，人類思維的認知運作模式通常分為兩類：第一類「系統1」（System 1）是快速的、自動

的、直觀的，偶爾是情緒化的；第二類「系統2」（System 2）則是緩慢的、計算過的、經過深思熟慮的。[6]其中，系統2強調資訊的使用，思考的是：知道這項資訊，我能用來做點什麼？系統1則重視資訊的好惡，思考的是：知道這項資訊，我覺得開心還是難過？大多數人在資訊的思考上，會受到深思熟慮的系統2影響，而且這一點當然非常重要。但是在日常生活中，主導一切的卻是系統1，我們之所以想知道、或不想知道某項資訊，往往是系統1在背後運作的結果。

　　例如無煩惱包裝的概念主要是訴諸於系統1（雖然也符合系統2的要求）；環保包裝的概念則是訴諸於系統2（雖然也可能滿足系統1的心理）。當然，個體差異依舊存在，不論是系統1或系統2，總有些人只在意包裝好不好拆、完全不管是否環保；另一群人卻呈現完全相反的偏好。這裡唯一想說的是：人們在看待資訊、接收資訊上，會出現直覺、情緒上的反應，而這往往決定他們會尋求這項資訊、或是迴避這項資訊。

　　如此一來也就能夠理解，就算某項資訊並沒有實際

用處，但只要大家覺得這可能會讓自己開心，還是想要得到這項資訊。舉例來說，當你得知自己永遠不會罹患癌症，或是你的聰明才智及外貌高於常人，不管這項資訊會不會改變你的行為，很自然都會讓你覺得開心。資訊能夠帶來各種不同的正面情緒：喜悅、自豪、滿足、寬慰、感恩。很多時候，資訊確實具備重要的「享樂價值」（hedonic value），也就是能夠帶來愉悅。雖然我還會繼續使用這個詞，但僅僅將資訊帶來的感受限縮於「享樂」是不夠的；這些感受有可能不只是單純的愉悅，而是更廣義的幸福感，也就是讓你覺得生活充滿意義。我們不妨使用**「情感價值」**（affective value）這個詞來描述這樣的正面情緒。

至於資訊的「工具價值」，最好的例子就是「知識就是力量」這個概念。要是員工知道老闆盯上自己的績效，皮可能會繃緊一點；要是大家知道接下來幾個月股市會上漲，就有機會去投資賺大錢；要是老師得知學生不喜歡上他的課，可以試著調整教學方式和內容；要是民眾發現自己是罹患糖尿病的高危險群，就會透過改善

飲食等方式來降低風險；要是車主知道自己的車十分耗油，就可能購買新車或更省油的車。一般來說，當人們知道某項資訊，就會採取不同的行動，得到更好的結果。資訊可以節省金錢、拯救生命。

這裡要注意的是，工具價值除了影響個人幸福之外，也可能涉及其他人的幸福。舉例來說，消費者有時想取得產品資訊，是為了增進社會公益或減少危害；而政府有時要求揭露產品資訊，也不僅僅因為消費者提出要求，而是為了提醒消費者，引起良知與關注，進而改變社會規範、推動社會目標，像是動物福利或氣候變遷。

政府之所以要求強制性標示，通常是基於工具價值，但享樂價值往往也很重要。強制性標示是本書的一大重點，因此後面會深入探討這兩項價值。但光談這兩點肯定遠遠不夠。舉例來說，有些知識和自己所在的國家、星球、甚至宇宙息息相關，知道這些事雖然不會特別開心，對自己也沒有實際幫助，但大家或許還是覺得知道比較好；又比如有人想要知道其他國家的生活現況、全球大小宗教歷史的資訊，可能也不是為了取樂或

自身利益，而是出於倫理道德上的義務。像是某個地區或國家的民眾正遭受苦難或大規模暴行時，人們通常會想了解一二。

　　更廣泛來說，某些資訊就算沒有工具或情感價值，人們也可能認為它讓生活變得更好、更豐富、更充實。有些人想知道朋友和家人的事，不是為了讓自己快樂或其他用途，而是因為這些事符合他們對於人生美好的想法。他們可能也想知道莎士比亞的生平、地球的起源、狗和狼之間的淵源或印度的歷史，但他們並沒有期待的答案，也不在乎這些資訊能夠應用在哪些地方。

資訊的黑暗面

　　事實上，許多資訊就算知道了也不能拿來做什麼。舉例來說，就算你知道1920年所有在巴黎出生的人的身高、下週並未打算前往的某座海外城市的天氣預報、20首聽不懂的外語歌曲中的所有歌詞，你的生活也幾乎不會出現任何改變。那些身高、天氣或歌詞等資訊，原則

上不會特別引起正面情緒，可能既無用，又乏味。

有些資訊則會引起負面情緒。例如你是否想知道伴侶在哪一年去世？或是你的兒子在哪一年身亡？你的體檢報告？生產你身上衣物的員工是否都領到合理的工資？當你發現這些資訊可能很糟，或是讓人感傷，最終可能連聽都不想聽。就算理論上能聽到好結果，或許我們也不想冒這個險，寧可讓一切保持一個大大的問號，或者乾脆想都別去想。資訊可能帶來憂慮、沮喪、悲傷、憤怒，或是絕望。

讓我們看看一項驚人的證據。有時候，民眾真心不想知道商品售價，甚至會**刻意**迴避價格資訊。[7]而大家都知道，事實上「價格」也會害人不能好好享受爆米花。說得更具體一點，根據琳達‧桑斯卓姆（Linda Thunstrom）與齊安‧瑞騰（Chian Jones Ritten）的研究發現，亂花錢的人往往很清楚自己花錢太凶，但要是請他們估計自己最近在購物上的實際花費，得到的數字通常並不準確。研究也指出，亂花錢的人通常會認為：「如果我正在做開心的事，就寧可先別想價錢。」這強烈

顯示出，揮霍無度的人會刻意忽略價格。當然，我們很難完全不看價格，但消費者絕對可以選擇不要看得太清楚、讓這件事在心中的分量降到最低。桑斯卓姆和瑞騰的結論認為，正因為人心會刻意忽略價格，所以更需要法律和政策去規定價格必須醒目透明。

有時候，資訊可能有**負面的**工具價值。[8]假設你是一位律師，委託人被控謀殺，而某些證據讓你嚴重懷疑委託人的確有罪，或開始思考警方是否侵犯委託人的憲法權利。不過身為辯護律師，不要明確知道委託人究竟是不是殺人犯，或許工作可以做得更好；假設你身染重病，最好還是「不知道」死亡率，才能振作起來對抗病魔（就像《星際大戰》〔Star Wars〕英勇的飛行員韓索羅〔Han Solo〕總掛在嘴邊的一句話：「永遠不要跟我說勝率！」〔Never tell me the odds!〕）；又或者，假設在一場組隊參加的網球賽事裡，九人一隊，採九戰五勝制。要是你知道已經有四位隊友遙遙領先，可能就不會產生拚命一搏的動力。要想保持求勝心，實際賽事狀況不明朗比較好；再假設你擔任面試官，出於預防可能的歧視

（性別、宗教、年齡、種族），擔心一旦求職者的資料透露相關資訊，會受到先入為主的影響。此時或許你會盡量避免得知這些資訊。

　　某些資訊雖然具有工具價值，卻會引起負面情緒。當你知道自己過度肥胖或得了高血壓，雖然心情大概不會太好，但卻可以開始做點什麼來著手改善；當你聽到老師覺得你的表現不夠好時，你可能會覺得受傷、沮喪，但也能夠反思可以再加強的地方；當你發現另一半對你不滿意，你可能不高興，但或許可以因此改善伴侶關係。

　　還有某些資訊，雖然具有負面的工具價值，反而能引起正面情緒。例如當一個高中生知道自己已經推甄上理想的大學，最後一學期可能會變得怠惰，但是心情上會比較放鬆；當球隊知道主要對手落敗，因而篤定進入季後賽之後，接下來或許不會賣力贏得下一場比賽。有時我們之所以不想得知好消息，就是擔心自己會因此喪失鬥志。

　　我們可以透過表1.1說明，針對不同的對象，各種資

表1.1　資訊的價值

		工具價值		
		正面	負面	中性
情感	正面	（1）	（2）	（3）
	負面	（4）	（5）	（6）
	中性	（7）	（8）	（9）

訊會出現不同的價值落點。同樣的資訊，可能對某些人
落在（1）、對某些人落在（7）；有些人覺得是（5）的
資訊、卻有人認為應該是（4）。幾年前，我曾經為了某
個幾乎可以肯定沒什麼的症狀，做了一項又一項的醫學
檢查，簡直是場噩夢。來到第十輪檢查，一位親切的醫
師說：「我覺得你應該沒事，但很多人不把所有相關檢
查都做過一遍，晚上會擔心到睡不著。換作是我應該不
會再做這輪檢查，但還是交由你判斷。」在他看來，這
輪檢查應該是屬於（3），也就是「沒有工具價值，會
帶來正面情緒」；可是他錯了，對我來說再做一輪檢查
反而是（6），也就是「沒有工具價值，又會帶來負面
情緒」。關鍵在於，資訊的價值，以及資訊所帶來的情

感，都可以分為正面、負面、中性三種，具有正面（或負面）的價值，並不一定會帶來正面（或負面）情緒，可能會出現各種組合。

一場賭注

　　以上說的是「得到資訊」之後的效果。然而當人們說到自己想知道某些資訊、或不想知道某些資訊的時候，並未事先得知資訊內容，因此這是一場賭注。人們往往只被問到**想不想知道**，可是其實你根本不了解你**要知道什麼**。

　　我們常常只問是非題，得到「是」的答案就覺得很開心、得到「否」的答案就覺得很難過（「她愛我嗎？就算只有一點點？」）。有時我們提出的問題會有10個、20個，甚至100個不同的答案（「我那場考試考了幾分？」或「我10年後能賺多少錢？」）。這些答案當中，有些能提供實用的資訊，有些則不然。再者，當我們判斷是否想知道某項資訊的時候，除了考慮資訊可能帶來的結

果，也要考慮結果的發生機率。如果是一項會帶來正面
感受或實用的資訊，機率高低相形之下顯得更重要。要
是發生機率非常高（例如高達90％），相較於發生機率
非常低（像是10％），會讓人更想知道這項資訊。如果
民眾相信自己應該不會罹患癌症（僅僅有點不確定），
覺得機率站在自己這邊，也可能不會排斥去了解更多的
癌症資訊。無論影響的是工具價值或享樂價值，一旦面
臨太壞的壞消息、或是太好的好消息，都會影響人們想
知道這項資訊的程度。不過會做出理性選擇的人在決定
要追求或迴避資訊時，會試圖先估算出一些相關數據。

　　理想上，要判斷「想不想知道」某項資訊，應該
先理性評估所有因素：自己最在意的是平靜、長壽、財
富，還是人際關係？最後的決定也反映出評估結果。[9]而
如果所處的環境不佳、充滿不公義，就會影響民眾想要
取得的資訊類型。[10]例如你面臨生活貧困、資源匱乏或遭
受各種歧視，就算知道某些資訊很重要，也可能興趣缺
缺，又或是無力去爭取這些資訊。我們最不願看到的情
形，就是民眾在不公義中反而被形塑偏好，這時就算是

極其重要的資訊，也可能無法勾起他們的興趣。

行為科學家指出，人的決定並不總是出於理性。人們運用各種捷思法（heuristics，也就是心理捷徑），然而這可能會引導他們做出錯誤的決定；他們內心也存在各式各樣的偏誤。捷思法和偏誤深深影響人們想或不想取得某些資訊。其中影響較大的是**現時偏誤**，意指人們往往只看今天和明天，而忽視長遠的未來。[11]舉例來說，某些資訊雖然讓你當下感到痛苦，長遠來看卻可能對你非常有利。你當然「應該」要取得這樣的資訊，儘管你或許不那麼想。事實證明，我們可能為了逃避短期的痛苦，不想得知某項資訊。（例如逃避站上體重計，或是取消每年一次的醫院健檢，但這是相當不智的決定，而你拖得愈久只會愈害怕。）

在取得資訊上，有些最發人深省的研究特別提醒該注意「策略性的自我忽視」（strategic self-ignorance），也就是「以無知作為藉口，過度沉溺在一些令人歡愉、但可能對未來的自己造成傷害的活動。」[12]這裡的重點在於，如果有些資訊會讓現在的活動變得較不具吸引

力，我們可能會因為現時偏誤的影響而逃避資訊；那些資訊可能會讓人覺得內疚或羞恥，又或是讓人覺得如果經過全面考量，就不該進行哪些活動。聖奧古斯丁（St. Augustine）有一句名言：「願上帝令我禁色，不過明天再說好了。」而有著現時偏誤的人也會說：「請讓我看清相關風險，不過明天再說好了。」每次我們想做什麼一時爽快但長期有害的事，可能會先迴避重要的資訊，並且覺得晚點知道也無妨。[13] 有些讓人覺得難過或生氣的資訊，或許也會引發同樣的反應：「請告訴我需要知道的事，不過明天再說好了。」

　　行為科學家也指出**損失規避**（loss aversion）的心理，也就是我們會特別不喜歡損失；實際上，在得與失的程度相等的時候，我們對「失」的厭惡，將會遠高於對「得」的喜悅。[14] 出於損失規避的心理，當我們判斷某項消息可能是壞消息時，會特別想要迴避。像是該去檢查是否罹患癌症的時候，有人或許會說：「我現在感覺都好好的啊，這樣就好了吧？檢查之後聽到壞消息怎麼辦？去檢查幹嘛？」當然，現時偏誤也可能與損失規避

同時出現、互相加成，因此人們更極力避免接收資訊。往往在這種情形下，人們容易犯下錯誤、迴避或不願面對資訊。

　　這裡值得一提的重要發現是：當我們聽到壞消息的時候（例如某項健康問題的風險高於預期），雖然一**開始的痛苦指數很高，但我們也恢復得很快**。[15]要是我們只預期會產生痛苦、卻沒預期心情平復的情況，就會錯失或許能救我們一命、而且或許根本不會讓我們持續感到難受的資訊。有一項回顧研究調查過去15項針對預測性基因檢測（predictive genetic testing）的研究結論，結果發現：一般可能以為會讓人感到痛苦的檢測報告，事實上民眾幾乎不會感受到嚴重的痛苦。[16]這些研究鎖定幾種不同病症的檢測：遺傳性乳癌與卵巢癌、亨丁頓舞蹈症（Huntington's Disease, HD）、家族性腺瘤性瘜肉症，以及脊髓小腦萎縮症，幾乎所有對象都是成人（只有一項和兒童有關）。大致的結果顯示，在檢測後的12個月內，無論結果顯示是否有相關的基因，幾乎不會增加痛苦程度（也就是在一般或特殊情境下感受的痛苦、焦慮與憂

鬱）。檢測結果出爐超過一個月後，只有其中兩項研究的受試者會為此感到痛苦。研究結論認為：「接受預測性基因檢測的人並不會承受不利的心理後果。」但同時也指出這些研究的參與者屬於「自願參加、並且同意參與心理學研究的族群」。[17]

就算加上這個重要的條件，我仍然相信一般人如果並未接受基因檢測，大概很難料想到這樣的研究結果；從結果看來，當預測性檢測結果不如人意時，人們的反應其實並不如他們以為的負面。而結果之所以出乎人們預料，除了可能的現時偏誤與損失規避心理，也可能出於**聚焦錯覺**（focusing illusion）。[18]我們常常會因為太重視某些事，於是過度放大這些事對於我們感受幸福感可能的影響程度。正如大衛·施卡德（David Schkade）和丹尼爾·康納曼（Daniel Kahneman）所說：「你關心的任何事所造成的影響，其實都沒你想像的那麼大。」[19]不管是寒冷的雨天、閃亮的新車、上調的薪水，甚至嚴重的病痛，可能都讓人以為會對生活造成重大影響，但其實這些影響會迅速淡去，就像家具一樣融入生活的背

景。因此我們常常高估壞消息的影響力，於是寧可選擇拒絕承擔壞消息帶來的風險。

　　與此同時，我們也可能因為過於樂觀，影響自己想要取得資訊的欲望。要是我們以為好消息的可能性較高，就會更想知道。此外，人們多半會抱著不切實際的樂觀，往往會認為自己的未來（健康、安全等面向）比起平均值要來得好；而且至少好過統計上的現實結果。[20]不切實際的樂觀可能會抵消損失規避的心理，讓人們願意取得那些非常有用的資訊。

　　當我們評估機率時，常常會用上「**可得性捷思法**」（availability heuristic），也就是拿最快想到的例子作為參照。舉例來說，洪水、墜機、塞車、恐怖攻擊或核災的可能性究竟多高？當我們不知道統計數字時，會先回想過去聽過的例子。因此，就算A、B兩類事件發生的頻率完全相同，若我們較常聽到A類事件的例子，就會覺得A類事件的發生頻率較高；[21]若你察覺有人常收到某項壞消息，那件事的發生頻率在你心裡就會膨脹，好消息也有類似的效果。

　　我們現在應該已經能夠了解，任何一群人通常具有極高的異質性。第一，對於同一項資訊，有些人就是能從中取得極高的工具價值，有些人只能得到一點，也有些人一點也得不到；第二，對於同一件壞消息，有些人心中會警鈴大作，有些人只是略微不安，也有些人毫不在意。有些人受到影響後恢復得很慢，也有些人恢復得很快；有些人遇到狀況容易變得歇斯底里；有些人則顯得務實冷靜。即便是同樣理性、會同時權衡工具價值與情感價值來判斷是否尋求資訊的人，也會因當下的處境與感受，做出不同、但依然是出於理性的選擇；第三，有些人就是更容易產生現時偏誤、更傾向損失規避、或是心態更為樂觀，這也加劇異質性現象；第四，受到可得性捷思法影響，有些人樂觀、有些人悲觀，每一個人都會對未來的結果與發展產生不同的預期。

　　讓我們再回到關於生活匱乏、不公義與不平等的種種問題。有些人占盡天時地利，能夠從資訊中受益。但不是任何人都鴻運當頭。我們往往需要先取得背景資訊，才有辦法理解某些資訊；但總是有群體缺少背景資

訊。所以，當我們討論強制揭露資訊時，通常得先面對分配正義的議題，而且要問：這麼做會幫助到誰？誰又無法得到幫助？

　　出於前述的考量，難怪有些人喜歡做各式各樣的醫療檢測，有些人則是什麼檢測都不想做；也不難想像部分消費者總是在意能源效率和油耗資訊，另一群消費者則是嗤之以鼻、漠不關心；也不用意外有些人會注意食物的熱量標示，並從中得到好處，有些人（包括缺錢或沒受過教育的人）則是既不感興趣、也沒有從中得到好處，甚至可能認為：「食物的熱量愈高不是愈好嗎？」當然，每個人擁有不同的倫理道德觀，因此有些人想了解動物福利（只是舉例），但有些人顯得興趣缺缺。

線索

　　我使用亞馬遜土耳其機器人（Amazon Mechanical Turk）[*]進行一系列研究，列出不同類型的幾種資訊，詢問大約400位美國人是否想要這些資訊、又願意支付

多少費用。我假設應該能夠清楚證實四項簡單的命題：
（1）民眾想取得有用或是能帶來正面情緒的資訊；（2）
民眾付費取得資訊的意願高低，取決於（a）資訊的有用
程度，以及（b）資訊令人感到快樂的程度；（3）如果
資訊沒有用處或令人感到悲傷，民眾想要取得資訊的程
度就會大大降低；（4）民眾的回應有極高的異質性。

　　我相信這四項命題是正確的，也覺得應該能得到證
實，因為有愈來愈多研究都支持這些論點（特別是前三
項）。舉例來說：

1. 民眾比較會在股市上漲時去了解自己的投資組合
   是賺是賠，而非在股市下跌的時候；這顯然印證
   所謂的「鴕鳥效應」（ostrich effect）。[22]如果預期
   取得資訊反而會變得不開心，民眾就容易迴避、
   不去追求這些資訊。

2. 民眾之所以比較喜歡看到與自己立場一致的政治

43

觀點,部分原因在於,若看到相反的觀點,會覺得難過或生氣。[23]這同樣也是出於接收這項資訊會產生負面情緒,所以降低接收資訊的意願。但有趣的是,民眾其實高估相反論點令人不舒服的程度,也就是產生「情感預測錯誤」(affective forecasting error),他們無法準確預測自己對資訊產生的感受。這一點非常值得注意,尤其是當這項資訊攸關健康的時候。

3. 有些民眾比較懂得自我節制,因此更可能從食物熱量標示中得到好處,也就表示他們更可能喜歡這類標示、支付意願也比較高。[24]這些人不會排斥熱量標示,甚至是樂於看到標示,也相信能從中得到實用的資訊。相較之下,不擅於自我節制的人剛好相反,他們甚至願意掏錢,只為了**不要**看到食物熱量標示。顯然,他們覺得熱量標示無法幫助自己,而且會讓他們覺得難過或不安。[25](事實上,對於無法自我節制的人而言,熱量標示的影響確實如此。)結論是,清楚標示食物熱量

「對消費者的福利有正面效果，但在不同消費者之間有著巨大的異質性；消費者價值（consumer value）可能為正，但也可能為負。」[26]此外，自我節制程度愈高的人，就愈可能從熱量資訊得到好處；「而與自我節制程度較高的消費者相比，自我節制程度較低的人會從這些推力中感受到（較高的）情感成本，也無法（或頂多稍微）讓他們透過調整消費而得到效益。」[27]

4. 絕大多數的人表示，不想知道另一半什麼時候過世、不想知道另一半未來的死因，[28]他們也不想知道自己未來的死亡時間或死因。

5. 至於說到在工作上的表現，當民眾相信應該是好消息（也就是覺得會聽到自己表現良好），會比較有意願得到這類資訊、甚至願意付錢取得資訊。[29]但是當覺得自己的工作表現不佳，想要取得這類資訊的意願就會大幅降低，也更可能寧願付錢讓自己不要聽到資訊。一項相關研究除了調查表面上的行為，還研究大腦活動的區域，發現

如果聽到好消息，能夠刺激活化大腦裡與正面情緒相關的區域；這也強烈暗示情感反應會影響民眾尋求資訊的意願。

在這些案例中，民眾想知道哪些資訊似乎是由享樂價值決定。舉例來說，我們沒有特殊理由要在投資組合價值增加時去檢查它的表現，但顯然會比價值減少時檢查來得令人愉快。但當然，工具價值也很重要。比如決定看或不看食物熱量標示時，可以合理想像大多數人心裡問的問題都是：這項資訊能不能帶來好處？較能自我節制的人給予肯定答案的可能性會高得多，也更可能願意付費取得這項資訊。同樣的，如果人們認為得知另一半的死因後，自己有辦法消弭或降低這項因素的可能性，想得知這項資訊的意願肯定也會大增。

事實上這裡要面對的是兩個獨立的問題：第一個是：「我能不能從中得到好處？」第二個是：「要是我不喜歡這項結果，我能不能改變這項結果？」兩個問題密切相關，但第二個問題更強調自己「能做點什麼」的主

導感（sense of agency）。光是覺得自己能控制點什麼，就能產生正面情緒，而這不僅有助於健康或財務，事實上主導感本身也具有價值。

以這兩個問題而言，我們很快會察覺某些資訊的工具價值比較重要，例如明年度的每日天氣、老闆最喜歡的員工類型，又或是下個月的股市表現。

不過我看到的研究結果中，享樂價值和工具價值同樣非常重要。多數民眾（約60％）都想知道家中電器一整年下來究竟花了多少電費，我們可以猜想，他們想要這項資訊，因為這樣可以省錢；與此同時，多數民眾（約59％）也想知道如何解決手機無法上網的問題，這可是我們隨時需要的資訊；也有約58％的民眾想知道他們愛的人是不是也愛他們。針對以上情況，取得相關資訊顯得格外實用，或許最後一項資訊特別是如此。

當然，這樣還是無法解釋，為什麼上述三種情境中的資訊顯然非常實用，卻仍有許多人（雖然並非多數）不感興趣？而最合理的理由就是出在「顯然」這個詞上，而且也點出「情感」在這裡的重要性。在這幾種

情境下，我們必須預期其中還是存在著異質性。談到電費，很多人會覺得沒必要知道家中一年下來的電費。知道這種事有什麼好處？而另一群人早就知道這項資訊（或只是自以為知道），因此不會願意為此掏錢。至於手機連網的問題，也有一群人覺得手機本來就會自動連網，就算一時沒網路，晚一點就會恢復正常。最後說到是否被愛，很多人擔心自己只是一廂情願，寧可迴避壞消息；甚至不少人覺得就算聽到好消息，未來也很難說。（順帶一提，我其實把這個問題拿去問了大約40個二十多歲的年輕人，只有一個人想知道答案！）

我也問了幾個關於重大疾病的問題，想知道和不想知道相關資訊的受訪者幾乎各占一半。舉例來說，想知道自己是否會罹患阿茲海默症的人不到一半（47％）；想知道自己是否會得糖尿病的人只有一半（50％）；想知道自己的基因是否比較容易罹患癌症或心臟病的人稍微多一點（58％）。[30] 然而，不想知道這類健康資訊的比例依舊很高，很大一部分的因素無疑是出於壞消息所帶來的負面情緒。儘管壞消息會讓人心中警鈴大作，很

多人還是認為要提早知道，或許是認為這樣才能提早準備，嘗試去降低罹患糖尿病、癌症或心臟病的風險。倘若人們知道自己可能罹患阿茲海默症，或許能稍微或大幅改變他們的生活。

　　我也問了其他類型的問題。約57％的人想知道另一半是否曾經出軌；約42％的人想知道朋友和家人對他們的真實看法；約42％的人想知道地球的氣溫到2100年會上升幾度；只有27％的人想知道自己可能在哪一年過世；而出乎意料的是，只有54%的人想知道股市在未來某一天的表現如何。（顯然很多人沒想到，但應該要想到：要是有了這項資訊，基本上想賺多少錢就能賺多少錢！）

　　令人訝異的是，想知道其他星球上有沒有生命的人居然高達71％；或許更讓人驚訝的是，想知道天堂是否存在的人居然只勉強超過一半（53％）。不想知道這項資訊的人可能包括幾種情況：（1）深信天堂當然存在，所以不需要知道這項資訊；（2）深信天堂當然不存在，所以不需要知道這項資訊；（3）相信自己進不了天堂，所以知道天堂存在反而會感到難過；（4）相信有些事還

是保有不確定性較好。至於想知道地獄是否存在的人，比例上少了一點（44％），這可能也證明很多人覺得若真有地獄，自己的麻煩就大了。

至於在消費選擇相關的資訊上，僅43％的人想在餐廳看到食物熱量標示，而且願意為此付費的金額並不高：中位數每年不過15美元，平均數也只有48.61美元；說到家裡所有電器每年的電費，消費者願意為這項資訊付出的金額也差不多：中位數15美元，平均數43.71美元。事實上，絕大多數美國人都贊成聯邦法規應該規定餐廳揭露食物熱量的資訊，也讓這些調查結果格外耐人尋味。[31] 顯然許多人贊成聯邦制定法規，卻覺得這項資訊對自己並無益處，甚至可能帶來壞處。[32] 於是，人們雖然認為自己對某項資訊不感興趣（甚至寧可不要知道），卻還是希望政府要求廠商揭露。

這裡出現明顯的矛盾：為什麼民眾根本不想看到食物熱量標示，卻還是相信政府應該要求餐廳揭露這些資訊？合理的推測是，大家認為這些資訊應該能帶給**別人**好處；也可能當大家被問到是否該叫企業做事時，就算

自己得不到多少好處，還是寧可回答「應該要」。

　　不過對於其他類型的資訊，民眾願意付費取得的意願比較高。比如「股市在2020年某天的表現」，民眾願意付出的金額中位數是100美元，平均數則是165.93美元（光想就知道這個金額實在太低了，如果真能取得這項資訊，絕對可以大賺一票）；「願意付多少錢知道自己體內是否有癌症基因」，支付意願的中位數是79美元，平均數是115美元；換作是「阿茲海默症基因」，對應的金額分別為59美元和106.98美元；「可能在哪一年過世」分別是93美元和154.44美元；「另一半是否出軌」則分別是74.50美元和120.67美元；而「2100年全球氣溫」的支付意願就明顯低了一大截，分別是19美元和59.37美元。表1.2列出主要結果。

表1.2　可能重大的資訊揭露

提供的資訊	每年願意支付的金額		
	想要取得 資訊比例	中位數 （$）	平均數 （$）
是否會罹患阿茲海默症	47%	59	107
2020年某天的股市表現	54%	100	166

表1.2（續）

	每年願意支付的金額		
提供的資訊	想要取得 資訊比例	中位數 （$）	平均數 （$）
本年度其餘每一天的天氣狀況	55%	70	121
罹患癌症或心臟病的基因傾向	58%	79	115
是否有罹患糖尿病的重大風險	50%	52	116
另一半是否曾經出軌	57%	75	121
天堂是否存在	53%	200	221
地獄是否存在	44%	148	210
是否會罹患癌症	52%	26	101
非洲所有國家的首都名稱	20%	18	122
下一屆美國職棒冠軍	42%	105	187
手機無法上網的解決方式	59%	11	61
其他星球上是否有生命	71%	51	125
你愛的人是否也愛你	58%	67	114
聯合國會員國總數	30%	10	97
信用卡的所有詳細條款， 包括可能的滯納金	56%	1	60
另一半在哪一年過世	26%	167	198
朋友和家人對你的真實看法	42%	88	130
家中各種電器每年的電費	60%	15	44
2100年的全球氣溫	42%	19	59
自己可能在哪一年過世	27%	93	154
餐廳的食物熱量標示	43%	15	49

消費者真的想知道這些事？

　　我也做了一項類似的研究，同樣利用亞馬遜土耳其機器人調查400位美國人，鎖定兩類資訊：一類是應該有利於消費者的資訊，另一類是政府已經關注的資訊。雖然這些資訊對不同人的用處不同，但應該不至於讓人覺得完全沒用。只不過當人們收到其中某些資訊時，或許不見得總是感到愉快。

　　這裡也存在很高的異質性，某些資訊雖然與我們切身相關，不少人卻似乎不想收到。舉例來說，只有62％的受訪者想知道拖欠信用卡費實際的滯納金；另外38％可能都會準時全額繳清、或毫不在意滯納金多高。只有60％的人想知道自己吃的食物裡是否有基因改造成分；另外40％可能已經知道、也可能根本不在乎。

　　只有64％的人想知道手機使用量超出資費方案時的費用；約67％的人想知道自用車輪胎的安全等級（這算高的了，可能是因為「安全」這兩個字產生的影響）；約65％的人想了解止痛藥（例如安舒疼〔Advil〕和泰

諾〔Tylenol〕）可能引發的副作用；約55％的人想知道
購買的產品是否含有衝突礦產（conflict mineral，也就是
來自剛果民主共和國、可能被用來資助大規模暴行的礦
產）。我們可以合理推測，有些人的確在意道德問題，
並且會因為這些資訊影響消費選擇，但也有些人其實並
不在意，也不會受影響。

　　但以上不論哪一項資訊，支付意願的中位數都非常
低：信用卡費滯納金資訊8美元（平均數103美元）；食
品基改成分資訊24美元（平均數101美元）；超出資費
方案資訊10美元（平均數95美元）；輪胎的安全等級資
訊16美元（平均數101美元）；止痛藥副作用資訊9美元
（平均數85美元）；衝突礦產資訊26.50美元（平均數109
美元）。相關結果可以參考表1.3。

　　應該可以肯定的說，許多人在部分事項上的選擇顯
然會受到某些資訊左右，但他們並不想得到資訊；而就
算他們想得到資訊，卻又不認為值得為此付出高價。當
中許多人肯定認為自己並不會受這些資訊左右，也或者
不會因為得到這些資訊而感到開心。

表1.3　消費者資訊揭露

提供的資訊	支付意願		
	想要取得 資訊比例	中位數 （$）	平均數 （$）
信用卡費滯納金	62%	8	103
食物含基改成分	60%	24	101
使用量超出資費 方案時的手機費	64%	10	95
輪胎的安全等級	67%	16	101
止痛藥的潛在副作用	65%	9	85
產品含有衝突礦產	55%	26.50	109

　　談到公共政策，並不能一切只以人民的意見為準，再強調一次：這些意見可能反映出資訊缺乏、背景條件不公，或是某種行為偏誤。但有鑑於相關發現，確實有理由將資訊進行客製化揭露，只讓真正需要資訊的人取得資訊（不過有一項可能並不正確的假設：無論想或不想知道某項資訊的人，都並未陷入資訊缺乏、背景條件不公或行為偏誤的情形）。令人遺憾的是，資訊一般來說無法客製化。可以說資訊像公共財，有人收到、其他

人也會收到。以食物熱量標示為例，只要標示就人人可見，無法限定少數人才能看到。不過也有好消息，只靠未來的新科技，愈來愈容易做到資訊客製化，或是針對特定對象揭露。

之後我們會再回來談這項議題。現在先回到重點：我們之所以想要資訊，往往是因為那些資訊有用或令人愉快，抑或兩者皆是。我們通常也會面臨兩難：資訊雖然有用，卻會讓人不愉快。（歡迎光臨生而為人不得不面對的處境。）也有極少數情況下，資訊雖然讓人愉快，卻對我們有害。因此很多時候我們到底該取得資訊，或是該逃避資訊，就像是一場賭注，我們彷彿正參與一場高賭注的撲克王大賽：樂觀的人可能想取得資訊，儘管結果不見得愉快；而如果傾向規避損失，可能會逃避取得資訊，即使這些資訊或許能夠挽救生命。這一切都會影響公共政策的重大議題，而且是一些在未來數十年可能最重要的議題。

第二章

如何計算「幸福」?

揭露資訊之後,能不能變得更幸福?做出各種標示或警告真的是好主意?何時揭露最好?

我們應該看得夠多,知道這種問法過於空泛。而幸運的是,美國政府為了具體回應這些問題,已經累積相當豐富的經驗,重要的例子包括油耗標示、食物熱量標示、營養標示、能源效率標示,以及菸盒上嚇人的健康警示圖片等等。了解民眾為什麼想知道或不想知道某些資訊之後,接下來的重點才是究竟要不要揭露資訊,以及如果要揭露資訊,什麼時機才恰當。當然,健康和安

全特別重要，但能不能好好享受爆米花也是重要的問題。

說到這項議題，就得談談為什麼一個明智的政府有必要強制規定揭露資訊。我偏好的答案很簡單：因為這會讓人更幸福。要是強制揭露資訊的做法沒有這種效果，就不應該強制規定。但我們已經看到，有些人支持資訊揭露並不是為了這個目的，而是堅持目標是要「讓民眾做出任何決定時都取得充分的資訊」，就是這麼簡單。如此一來，就可能出現政府規定強制揭露資訊，人民卻不會變得更幸福的情況。的確，我們要確保強制揭露資訊的做法都會**達到預期的效果**，但若最後只是丟出三十幾頁密密麻麻的天書，一般民眾根本看不懂，實在算不上是讓民眾「取得充分的資訊」。只不過在少數制定政策者的眼中，彷彿資訊揭露就好。可是資訊揭露的目的是什麼？要是這些強制規定無法讓人們的生活變得更好，甚至讓生活變得更糟，到底有什麼意義？

另一個可能的原因指向一個重要概念：自主權。有些人認為，強制揭露資訊的目的是確保民眾做出自主選擇。或許我們可以再補充一點：不論消費者、勞工或病

患都該受到尊重；而讓這些人得以在做出選擇之前取得充分的資訊，就是一種尊重的方式。哲學理論也分成兩派說法：一派主張接下來要談的福利主義（welfarism，衍生自邊沁〔Jeremy Bentham〕與彌爾〔John Stuart Mill〕開創的功利主義傳統）；另一派則是以康德（Immanuel Kant）為首，談的是道義義務，強調人要有自主權，要得到尊重。[1]

2019年，美國食品藥物管理局（FDA）開始以自主權為由，提案規定菸盒包裝必須加上新的警語和警示圖。[2]FDA提出的理由並不是警語或警示圖能夠減少吸菸人口、挽救生命，而是「促使民眾更加了解吸菸對健康的負面影響」。就FDA看來，這項規定最大的好處是增進民眾的相關理解，改善公共健康則是附加價值。我們不清楚FDA究竟將「增進民眾理解」視為本身就具有價值、能因為各種與民眾福利相關因素而帶來工具價值，還是最終能有效減少吸菸人口，因而具有工具價值。但FDA強調，增進民眾理解就是一件有價值的事。

礙於篇幅，我無法在這本書中完整論述福利主義，

但我認為站在這樣的觀點，最有利於討論政府是否應該強制要求揭露資訊。我會藉由大量案例來讓各位認為這是合理的論點。幸好從我的目的出發，無論要從福利主義或道義義務的方向切入，大多數時候並不會出現南轅北轍的結論。就算有人不相信福利主義，一心堅持追求自主權，也很難導出「強制揭露資訊大致上是件好事」的結論。核心問題在於，我們究竟需要哪些資訊才能做到「自主」？另一個同樣核心的問題在於，擁有自主權的人究竟想知道什麼資訊，以及是否想知道這些資訊？然而要是資訊無法提升決策品質、或是讓人感到不愉快，人們就寧可不想知道資訊。因此，當我們真的尊重民眾的自主權時，是否至少應該尊重民眾可能「不想知道」的意願？

舉例來說，所謂合理的選擇，往往「不是自己做選擇」。這是實踐自主權的一種方法。他們會把選擇權委託給其他人（醫師、律師、工程師、投資顧問等專家）。一來可能是因為覺得其他人能夠做出更好的選擇；二來可能是自己不想做選擇，又或是太忙、想專注

處理其他事務。他們可能覺得委託其他人做選擇，自己就能擁有更多自由。所以在這種時候，如果還強迫他們做選擇，不就反而是不尊重他們的自主權了嗎？回到資訊也是如此：倘若民眾並不想得到某些資訊，我們卻強迫民眾接受，而且毫無討論餘地，實在說不上尊重自主權。當然，資訊缺乏、背景條件不公或是行為偏誤，都可能扭曲民眾對於是否想要取得資訊所做的決定。這裡唯一的重點是，真要談人的自主權，就不該在民眾不想得到資訊時，硬將資訊塞進他們手裡。

　　確定要從福利主義來談，就必須更具體，否則這個概念會包山包海。[3] 目前先讓我們強調一件事：分配問題很重要。我們得注意哪些人得到好處、哪些人受到傷害。如果揭露資訊之後，僅僅受過教育的富人得到好處，未受教育的窮人卻得不到好處，就會是嚴重的問題。要是只有富人了解如何使用某項資訊，而窮人不懂，決策者就必須將這點納入考慮，也就可能因此做出不同的決定。哲學家曾提出**優先主義**（prioritarianism）的概念，主張以處境最差的人為優先，這也可以說是一

種福利主義。[4]換做一套合理的監理制度,就應該在制訂資訊揭露政策時,讓優先主義扮演重要的角色。

四個問題

在幾項關於資訊揭露最重大的理論問題上,多數國家的法律還沒有明確的立場。然而數十年來,每當美國聯邦政府推出相關重大法規時,都被要求以明確的福利主義導向來回應這四個問題,強調各項政策對人民的影響:[5]

1. 政府應該何時要求揭露資訊?或者換句話說,在什麼情況下會出現市場機制失靈?
2. 資訊揭露的成本與效益為何?
3. 該如何計算其中的成本與效益?
4. 根據成本效益分析或其他指標,資訊揭露是否利大於弊?

從1981年雷根總統任內開始，兩黨總統都曾發布行政命令，要求美國環保署（Environmental Protection Agency）與交通部（Department of Transportation）等機構發布重要法規時（包括資訊揭露相關法規）回應這四個問題。很多人無法了解為什麼有這樣的要求，但這件事說穿了也沒什麼，就是為了確保資訊揭露會增進民眾福利。[6]成本效益分析法的問題不少，但在回答前述問題時，卻不失為一種簡便操作的方式。舉例來說，假設我們為了揭露某項資訊，需要花上高達5億美元的成本，但效益只有10美元，我們就有充分的理由認定這無法增進民眾福利。

我知道這種說法會引起許多問題與疑慮。光是某一項要求在金錢上的成本遠高於效益，並**不保證**無法增進民眾福利；而就算金錢上的效益遠高於成本，也**不保證**能夠增進民眾福利。同樣的，我們也必須談「分配效應」的問題。關於成本效益分析與民眾福利間的關係，我會在後面投入相當篇幅，但現在先簡單強調，四個問題的目標要聚焦在「資訊揭露」對民眾實際造成的後果（我

也還會談到對非人類動物〔nonhuman animals〕的影響）。

很多情境下會看到這些問題，例如食物熱量標示、房貸資訊揭露、能源效率標示、利益衝突揭露、健康揭露、油耗標示、信用卡費用揭露、基改食品標示、營養成分標示、原產國標示、鮪魚產品「無害海豚」標示、防曬標示、衝突礦產揭露、菸害警示圖等等。其中一些標示的目的是協助消費者、勞工、病患等群體保護自己，降低金錢或健康上的風險；有一些則是為了保護第三方，或是出於倫理道德考量。例如某些標示提供動物福利相關的資訊，另一些則是回應消費者（或利益團體）對政府的要求，不論是否涉及實際風險。圖2.1正是三項強制性標示的明顯範例。

追逐數字

光是要衡量強制資訊揭露的影響，就是一項浩大的工程。第一個問題在於，有時候政府**根本不知道民眾會做何反應**。比如告訴民眾某款冰箱或微波爐比較節能，

圖2.1　三種揭露標示

（a）飲用含糖飲料影響的警示；（b）防曬乳類型與防曬程度標示；（c）窒息危險的警示。

（a）

WARNING:
Drinking beverages
with added sugar(s)
contributes to obesity,
diabetes, and tooth decay.

警告：
飲用額外添加糖的飲品，會造成肥胖、糖尿病與蛀牙。

（b）

露得清
輕透無感防曬噴霧

（c）

 WARNING:

CHOKING HAZARD--Small parts
Not for children under 3 yrs.

警告：
窒息危險──小零件，不適用於3歲以下幼兒

或是公布每項家用電器的電費，民眾的行為會出現什麼樣的改變？當民眾知道房貸的相關成本資訊時，他們會怎麼做？比起不知道資訊時，反應又有何不同？

　　第二個問題在於，就算政府能夠預測民眾的反應，

恐怕也很難估算出一個金額。就算政府知道揭露食物熱
量資訊後，民眾應該會減少熱量攝取；揭露基改成分
後，民眾會做出不同的消費選擇，但這究竟能夠帶來什
麼好處？當然，要說將這些做法估算成實際金額，很多
人想必會大為質疑。因此重點還是福利，也就是民眾對
於標示的反應究竟會如何影響他們的生活。不妨試想，
我們之所以想換算成金錢，並不是真的認為一切都能用
金錢來計算，而是因為這可以用來取代我們需要知道的
重要資訊，衡量出這麼做的福利效果（welfare effect）。

　　我們已經看到，若想換算成金錢，經濟學家往往
認為理論上最好的辦法是計算出「個人支付意願」的金
額。[7]但許多人覺得這種論點非但不合乎直覺，甚至十分
荒謬。只不過我們也看到，根據可知的假設，支付意願
確實能反映出我們在資訊上的得失。這裡既要考慮到部
分資訊的確不會被關注、運用或理解，因此幾乎不會帶
來好處；也要考慮到部分資訊可以增進福利、部分資訊
則會減少福利（甚至有的會提升某一面向的福利、同時
讓其他面向的福利減少）。所以，要人們提出明確的支

付意願金額，等同於要人們去處理一個預測問題。他們
必須清楚知道一項資訊對自己的福利所產生的影響。然
而其中兩項因素，讓預測變得非常困難。

　　我在前面談過第一項因素：人們通常處於缺乏資訊
的狀態，因此難以判斷該支付多少費用取得（更多）資
訊。正如美國經濟學家肯尼斯·阿羅（Kenneth Arrow）
多年前說道：「當我們要判斷資訊需求時，會出現一項
根本上的矛盾：需要先讓買家擁有資訊，買家才能判斷
資訊的價值；但如此一來，也就是讓買家不費成本就取
得資訊。」[8]要是民眾從未擁有資訊，或許就無法判斷要
不要取得資訊，以及該為資訊付出多少代價。而這又涉
及分配公平；有些人可能因為擁有足夠資訊，才知道自
己「想要」這項資訊；但其他人可能沒有這種條件。至
少在我們想要事前評估支付意願時，這會造成嚴重的問
題。所以，要想評估支付意願，比較好的方式是進行事
後評估。等民眾取得資訊之後，或許他們更能夠掌握資
訊的價值。

　　來到第二項因素，就算我們暫不考慮第一項因素，

事前評估的支付意願或許仍然無法真正反映出資訊帶來的福利效果。在某些情況下，人的喜好會隨時間改變，例如了解某些食物的健康風險之後，就可能（開始）出現不同的飲食偏好，像是變得不那麼喜歡布朗尼，更喜歡沙拉。舉例來說，我們可以根據合理的假設，認定鹽分和糖分的標示會讓人改變飲食偏好。原因之一在於，飲食偏好原本就是信念的產物，也是資訊的產物；另一個原因是，就算我們並未改變信念，也可能因為產生不同的欲望後，開始喜歡不同的食物。過去愛不釋口的食物，如今味同嚼蠟；過去難以下嚥的料理，現在覺得美味無比。這樣一來，事前評估的支付意願金額就不足以反映出資訊揭露所帶來的福利效果。（像我曾經很討厭玉子燒。但我發現，明明很多人也討厭這道料理，卻幾乎出現在每一道壽司組合，最後我決定試著喜歡它。我成功了，我現在覺得玉子燒滿好吃的。）

還有一種更通用的觀點。資訊揭露也算是一道推力（nudge），讓人進一步考慮某些選項，引導眾人往某個方向行進。[9] 做法包括各種提醒、警告，自助餐廳或雜貨

店的陳列擺設，又或是特別點出現行社會規範或默許的各項規則。有些時候，這些推力能讓人類的行為往理想的方向發展，帶來莫大的好處；[10] 有時卻毫無效果，[11] 甚至適得其反。說到資訊揭露的福利效果，我們並不難分辨正面或負面影響。例如戒菸的人應該能預期減少過早死（premature death）的機率；購買較昂貴卻節能的冰箱時，也能想見儘管一開始花費很高，但長期下來可以省錢，而且對環境也是好事。而理想上，如果能知道實際成效有多大就更好了。

然而，民眾也可能**因為推力本身、或是由推力引發的行為**，體驗到福利損失。舉例來說，接收各種提醒或警告實在算不上愉快的經驗。所以每當被提醒各種風險時，我們往往會感覺到幸福感下降，就算長期來看，得到這種資訊是利大於弊。如果要談「知道自己罹患心臟病或癌症的風險」的福利效果，就不能忽略資訊同樣可能帶來享樂損失。此外，推力造成的行為改變也可能降低幸福感；比如運動，這件事不見得讓所有人都那麼愉快。

　　攝護腺特異抗原（prostate-specific antigen, PSA）檢測的相關爭議就是很好的例子。這項檢測的目的是降低攝護腺癌死亡率。有些專家認為如果能早期發現侵襲性癌症，早期治療就能挽救生命；但也有人認為，這項檢測讓男性暴露於輻射、手術與其他治療的不利影響之中，反而造成嚴重的傷害。假設PSA檢測的確能讓男性早期發現與治療攝護腺癌，但事實上無法提升生存率，或只會稍微提升一些生存率。對於廣大男性來說，或許「不知道」才是最好的選擇。

　　這正是目前醫界的普遍共識，而我在此想補充的一點也很簡單：如果檢測後的壞消息會引發實際的焦慮和痛苦（不只是讓人難受，還可能導致健康問題），「不知道比較好」顯然更有道理。當然，倘若患者單純因為害怕面對壞消息時反應過於強烈，寧可選擇不知道這項資訊，就是掉入現時偏誤的陷阱；但患者也可能是經過周全考量才做出「不知道」的決定。[12]這一點在醫療實務上有著重大意義：應該針對這類資訊進行一定程度的量身打造。要是患者稍微聽到一些壞消息就大感焦慮，或許

最好別讓他們進行更多檢測；要是患者天性好奇，可以輕鬆消化壞消息，或許更該讓他們接受檢測。優秀的醫師，必須考量個別患者的差異。

同理可證，資訊或推力帶來的也可能是效益，而非成本；不是因為會改變行為，而是因為會令人感到愉悅。那些只強調成本的人，可能根本對訊號解讀錯誤。舉例來說，有些人真心覺得閱讀很有趣；也有些人可以愉快投入運動，並感到滿足。我們在第一章提過，多數人其實是以正面情緒看待食品熱量標示。只不過接下來要強調的是損失，而非效益。

在此簡單說明這裡要討論的範圍：本章的重點在於資訊帶來的福利效果，而不是資訊揭露該採用何種形式。我們都知道，光是標示設計不同，效果就天差地遠。[13]控制設計，就能控制效果。一旦資訊揭露的形式過於複雜、令人困惑，超過消費者能接受的程度，效果會極為受限，甚至根本沒有效果；如此一來就只剩下壞處，而沒有好處。另一方面，揭露形式若過於簡單，也可能造成消費者誤解，產生負面的福利效果。不過，我

們要談的並不是如何揭露資訊，而是面向更廣的問題：
如何評估其中的效益與成本？至於如何設計資訊揭露的
方式，將留到第三章討論。

資訊真能帶來好處？

　　要說資訊能讓人做出更好的選擇，應該沒有人會質
疑。GPS設備帶我們抵達想去的地方；紅綠燈讓我們知
道什麼時候該走，什麼時候該停；海灘的「禁止游泳」
標誌可以降低遊客溺水的風險；非處方藥標上「緩解過
敏」、「止痛」、「止咳」讓我們知道藥物作用；食品標
上過敏警告（含花生、含海鮮成分）可能救人一命；城
市和機場裡的明確標示為行人和乘客提供正確方向。資
訊協助我們駕馭生活；從這一點來看，資訊不但讓我們
過得更自由，甚至已經是生活中不可或缺的要素。

　　我們身邊就存在各種不可或缺的資訊。在這樣的前
提下，對於「資訊真的會帶來好處？」的質疑似乎顯得
非常荒謬，就像沒事找事一樣。話雖如此，許多學者還

是提出各種有力的論述，反對政府要求強制揭露資訊。他們指出，政府要求揭露的資訊幾乎無所不包；在他們看來，很多資訊就算揭露也沒有任何人在意，根本是一種浪費。政府自以為有助於改善人民的健康與安全，其實完全不是這麼一回事。

學者主要反對的情況之一，就是資訊揭露的內容實在太過複雜、冗長，或根本難以理解。[14]要是揭露的資訊只不過是長達75頁的術語大集合，很可能根本毫無益處。比如民眾申請貸款時，簡直像遭到資訊攻擊，攤開在眼前的資料量多到荒謬，而且絕大部分沒有用處；民眾上醫院時，也可能發現患者隱私權聲明猶如天書，而且不會因此改變任何行為。這類聲明或資訊的意義空泛，只是做做樣子（或是避免被告罷了）。

揭露的資訊如果過於複雜、冗長、難以理解，可能根本不會帶來任何好處。這正是一大關鍵，讓我們對身邊包羅萬象的資訊揭露產生懷疑。要是資訊揭露不會帶來好處，就不該強制揭露。因此，我們應該實際審視關於資訊揭露的各種要求，了解揭露資訊究竟對人們有何

幫助，進而決定要改善或是取消。

讓我們舉一個小故事為例。多年來，美國以「食物金字塔」（Food Pyramid）作為提倡健康飲食的重點標誌。食物金字塔的網站由美國農業部（Department of Agriculture）成立，在美國政府相關網站的瀏覽人次可說數一數二，一代又一代的孩子都是看著這個網站長大。圖2.2就是其中一個版本。

理論上，食物金字塔應該向民眾傳達資訊，但長期以來卻被批評其公開的資訊毫無意義，原因就在於，看了也不知道該做什麼。像是圖2.2似乎在表達一個正要爬上金字塔頂端的人，但這想傳達什麼意涵？頂部的白色三角形是什麼？整個金字塔看似由五條色塊組成（還是七條？），那些色塊代表什麼？金字塔底部可以看到許多不同食物，但是亂成一團。部分食物似乎有大致分類。可是穀物難道屬於蔬菜類？水果怎麼會放到牛奶類？牛奶又為何跨界分到肉類去？

要是民眾得到資訊後並不知道該做什麼，行為幾乎不可能出現改變。很多人想吃健康一點，卻不知道採取

圖2.2　食物金字塔

哪些具體步驟，而看起來食物金字塔實在幫助不大。

　　2011年，美國農業部諮詢多位營養與傳播背景專家，希望了解更好的標示方式。最後，農業部將食物金字塔換成一個簡單的新標誌：一個食物餐盤，清楚畫分出水果、蔬菜、穀物和蛋白質等區塊（見圖2.3）。

　　餐盤設計出清楚簡單的指引，就像是一種地圖。而

圖2.3　食物餐盤

且在圖示之外，還附有簡明的文字提示，民眾只要連上
網站choosemyplate.gov，就能取得可做出良好營養選擇的
相關資訊。這些提示包括：

- 盤子的一半是水果和蔬菜。

- 喝水，而不是喝含糖飲料。

- 喝脫脂或低脂（1%）牛奶。

- 選擇無鹽的堅果與種子，降低鈉的攝取量。

　　如果想確保這樣的資訊確實有幫助，那麼「餐盤取代金字塔」（plate, not pyramid）會是很好的口號。但我們得承認，直至今日還是沒有太多數據能夠證明「食物餐盤」帶給人們的益處。如此一來，也更可能讓人們從根本上反對政府要求揭露資訊；畢竟資訊就算十分簡單明瞭，民眾仍可能視而不見，所以資訊揭露政策**往往**只是徒勞。如果同意這種說法，就會認為各種強制標示不過是一種干擾和浪費。真的想改變大眾的行為，需要採取更積極的干預措施。

　　反對的說法是否正確？最好的判斷方式是隨機對照實驗。透過實驗組接收資訊、對照組不接收資訊，比較資訊揭露與否實際造成的差異。而且，過去已經做過類似的實驗，研究某些標示（例如食物熱量標示）對消費

者的影響。[15]我們還了解類似標示對零售商的影響，[16]以及菸盒圖片警示對吸菸者的影響。[17]然而實驗的挑戰在於，關於資訊的實驗通常難以做到真正的隨機對照，而且這種做法並不常見。[18]我們常常採用「前後對照實驗」（before and after study）研究，但這種研究雖然能提供有用的線索，卻無法把得到資訊或警示後的影響各自獨立出來，因此無法做出確切的結論。就算在菸盒印上健康警示圖後有許多人戒了菸，也無法確知他們是**因為**菸盒上印的警示圖才戒菸。

各種警告或強制性標示的實際效果究竟為何，至今為止的研究尚無定論。但運用隨機對照實驗，我們可以具體了解相關影響。過去幾年，這類實驗有些已經讓我們了解警示或資訊揭露在哪些時候確實有所助益。[19]但我們需要了解的面向還很多，未來也需要更多這一類的實驗。

但就算是現在，我們也能夠明白「全面反對強制揭露」太過極端，[20]畢竟我們看過太多資訊揭露帶來的好處，例如：

1. 要求房屋賣方向買方提供經認證的住宅能源效率
   （residential energy efficiency）報告，無論對於買賣
   雙方，都大大刺激在能源效率科技上的投資。[21]

2. 美國一項多店實地測試發現，有公平貿易標章的
   咖啡銷售額增加將近10%。[22]

3. 鮪魚產品「無害海豚」（dolphin safe）標章在美國
   成功減少海豚死亡；據估計，因捕鮪魚而死亡的
   海豚數量從1970年代的每年10萬隻，到1992年
   已經減少到每年不到5000隻。[23]

4. 營養標示為大學生的飲食帶來有益的影響，讓他
   們的飲食選擇明顯更為健康。[24]

5. 2006年，美國食品藥物管理局要求食品營養標示
   必須列出反式脂肪含量。到了2009年，美國疾病
   管制暨預防中心（Centers for Disease Control and
   Prevention, CDC）發現美國人血液中的反式脂肪
   酸顯著降低，部分原因正是出自強制要求標示。[25]

6. 研究發現，食品紅綠燈計畫（依據食品對人體健
   康的影響標出紅燈、黃燈或綠燈）對於消費者的

選擇有正面影響，消費者的選擇也明顯更為健康。[26]

7. 大多數顧客對能源效率標示的接受度很高，研究也發現他們願意以較高的價格選購節能電器。[27]

8. 強制標示食物熱量還有爭議，似乎在某些地區仍會造成危害。[28]證據顯示，許多低收入消費者認為既然手頭錢不多，最好把錢花在高熱量的食物上；也就是說，食物熱量標示反而加劇肥胖現象。[29]但也有證據顯示，至少對於肥胖者而言，整體來說這些標示還是可以降低熱量攝取。[30]有趣的是，有證據顯示食物熱量標示在左側（也就是先寫熱量、再寫食物名稱）的效果比較好。[31]顯然當民眾先看到熱量，就會影響內心的選擇，比起先看到食物名稱再看到熱量的效果更好。

　　不過，這些例子僅供參考。畢竟其中部分還有爭議，結論也可能還會受到挑戰。但唯一的重點是，當我們談到強制性標示，光是從目前所見，就知道不該認為

它必然是壞事。有時資訊確實能夠為我們節省金錢、拯救生命；只是當資訊並未發揮作用，或利弊相當、甚至弊大於利時，就不應該強制要求揭露資訊。

四種量化方式

我在前面提過，美國政府已經發現，很難計算出要求資訊揭露會造成多大的成本、帶來多大效益。但我在這裡想特別強調，政府目前的努力遠遠不到應有的程度。實際上，美國政府採用四種不同的量化方式，對進行法規影響評估（regulatory impact analysis）的人員提出愈來愈嚴格的資訊蒐集要求。而政府對於為什麼會在特定案例選用特定的量化方式，也難以做出明確的解釋。

第一種方式（有時也是最坦率的方式）直接承認缺少相關資料，也就是根據現有資訊，有些成本與效益仍然無法量化（特別是效益）。[32] 這種方式的問題在於，等同承認接下來的作為基本上是靠瞎猜。因此在風險很大時，似乎不能接受。政府不僅不該這麼做，對大眾也絕

81

非好事。難道政府可以不先了解資訊揭露的效益，就強加法規、讓民間產業徒然增加巨額成本？但當然，很可能到頭來的結論還是無法量化。

第二種方式，利用**損益平衡分析**（breakeven analysis）推斷可能的效益，證明付出的成本合理；也能藉此了解效益是否達到應有的程度。舉例來說，要求揭露某項資訊每年的成本是1000萬美元，而每年有5000萬人買進這項產品，政府或許可以問：對於一般消費者而言，標示這項資訊值不值得每年付出20美分的代價？答案或許就很明顯了。

原則上，至少在政府還能掌握損益上限或下限的前提下，這種方式會比單純承認自己一無所知來得好。只要能知道損益的上限或下限，就能更清楚判斷是否該推行這項政策。而有時候，損益平衡分析或許是唯一可行的方式。然而實際情況不易衡量，多半靠猜測，難以得到明確的上下限，最後只能勉強擠出結論，將自說自話偽裝成經過分析而有所本的一套方法。但要是無法合理判斷上下限，這種粗糙的分析和單純承認自己不知道其

實並無太大區別。

第三種方式是先設定目標，例如經濟上打算節省多少錢，或對於健康有何助益。這種方式的優點在於訂出具體的利益，並試圖換算成實際金額。然而，這種方式也會面臨幾項重大困境。第一項困境再明顯不過：政府手中很可能還缺乏資訊，難以具體說明可以得到的利益。舉例來說，政府或許無從得知油耗標示能讓消費者省下多少錢，也不知道防曬乳的SPF數值到多低就無法降低罹患皮膚癌的風險、消費者又能得到哪些利益。

第二項困境在於，就算能夠明確訂出目標，呈現的效益也會失真。在幾個重要的面向上，幾乎肯定會高估（但後面也會提到低估的可能性）。我們大致料想得到原因：有時得到資訊可能會承受重大的損失。例如得知後令人難過或驚恐，又或是因此改用另一種在其他面向上品質較差的產品，但在我們訂立的目標上不會看到這些效果。

第四種方式是找出消費者的支付意願。前面已經提過這種方式的其中一項優點：應該能同時反映出正面和

負面的福利效果,也能讓政府將民眾對於「**不要**接收這項資訊」有多高的支付意願納入考量。要是民眾根本不在意食品熱量標示,支付意願就是「一毛也不付」;要是民眾認為食品熱量標示的效果好壞參半,從支付意願的淨值也看得出來;假使民眾完全不想接收這項資訊,支付意願就會呈現負數。

與此同時,支付意願也仍然存在一些重大且可能無法克服的問題。有些問題來自資訊揭露,也有一些問題出於支付意願。我們不妨回想,當我們談到支付意願,其實是在做出預測。但預測並不容易,尤其是問到民眾是否想接收某項資訊的時候。一方面,民眾往往會低估自己適應恢復的能力,於是可能會逃避一些實際上對自己有幫助的資訊,或是追求對自己沒什麼好處的資訊。「舉例來說,人在日常生活中往往會高估壞消息帶來的不愉快,同時低估自己振作起來的能力。」[33]

簡單來說,關鍵在於**決策效用**(decision utility,做決定時預期的效用)與**體驗效用**(experienced utility,實際體驗到的效用)兩者之間可能存在落差。最明顯的解

決辦法就是嘗試提前感受體驗效用，以減少落差。[34]原則上，只要是曾經取得這項資訊的人，就會知道實際的體驗效用，也能傳達給那些正要做出選擇的人。但實際上，人們並不容易生動的傳達自身的實際體驗，尤其人們的偏好和品味可能隨時間改變。

因此，想透過支付意願來評估取得資訊時的福利效果，只能說是過於粗糙、難以接受的想法。我點出的雖然是對於資訊的支付意願，但這個概念的應用範圍可以更廣泛，比如也可以談到對於「罹病率」的支付意願。假使我們將支付意願看做一種預測，或許就要考慮能否真的以此為標準，準確評估（例如）嚴重腦震盪、慢性支氣管炎、耳鳴、非致命性心臟病發作等變故的福利效果？不過顯而易見的是，我們手中確實可能沒有更準確的評估方式。

成本

在成本方面，有些問題相對簡單。政府很可能有能

85

力取得總成本的相關資訊，製作出（例如）油耗標示，
貼在新出廠的車體上。標示本身可能相對便宜，取得背
後的資訊卻可能相對昂貴許多，尤其是需要耗費大量心
力與監控的資訊。以基改食品為例，根據美國農業部的
結論，要完成標示，第一年的成本可能就高達39億美
元，之後每一年都得再花約1億美元的成本，儘管從規
模來看算不上天價，卻也絕非小數目。[35]

　　美國政府常常忽略的另一項難題，則是**資訊本身也
可能形成消費者需要負擔的成本**。就算這些成本難以量
化，甚至對消費者來說最後也是利大於弊，還是無法直
接略過不計。這些成本會以幾種不同形式呈現，大致上
不高，但也有例外。

一點點認知成本

　　光是閱讀和處理資訊，就會衍生出認知成本
（cognitive tax）。對於消費者來說，這點成本通常不算什
麼；但在某些交易前，需要讀過多達數十頁的條款，這
可不是能很快看過去或區區幾分鐘的事。當消費人口龐

大時，這樣的認知成本就會變得過大。在某種層面上，資訊揭露反倒讓資訊成為大眾的負擔。事實上，消費者大多不會真的被逼著去閱讀和處理那些揭露的資訊；但即便你本來就沒有細看的打算，光是知道這件事也可能形成認知上的負擔。人的心力有限，實在難以隨意判定這些負擔值不值得在意（要是真有地獄，肯定到處貼滿看不完的警告標示。）

當標示內容複雜，或民眾早已被排山倒海的標示淹沒時，這項問題就會變得特別嚴重。資訊超載，可能會為民眾帶來龐大的總成本，標示的效益也隨之大打折扣。

害人不能好好享受爆米花1：
享樂損失會發生在那些不想改變的人身上

更重要的是，資訊可能會降低享樂價值，不只有降低認知成本。舉例來說，如果我們向老菸槍提供吸菸危害的資訊，或是向連鎖餐廳的顧客提供食物熱量資訊，都會使這兩組人產生享樂損失。當中一些老菸槍肯定不會戒菸，一些用餐者還是想吃高熱量餐點，但只要這些資訊讓

他們在買菸或點餐時覺得不開心、甚至感到難受，從享樂的角度來看，這些人就會有損失，而不會獲益。

那麼，當真實資訊造成享樂損失時，究竟該不該算是一種成本？這就是政府要來傷腦筋的問題。讓病人知道自己患有糖尿病或癌症，算是成本還是效益？從福利的角度來看，只要他們願意著手處理這個問題，應該是利大於弊。（但要是他們不願意或做不到，主觀福利上就是弊大於利。）然而，就算最後利大於弊，而且可能遠大於弊，還是存在成本，而且是極為龐大的成本。只要我們還透過福利主義的思考框架進行決策，就必須將「享樂損失」視為一種成本。雖然這種成本可能很低，但政府相關單位並不能像現在這樣總是視而不見。

確實，這種討論可能會讓我們落入一道哲學深淵。如果得把取得真實、與個人切身相關的資訊視為成本，會讓人覺得福利主義似乎大有問題，畢竟資訊也可能讓人變得更自由、活出更真實的人生。但無論如何，只要會造成民眾痛苦，就不能略去不計。

很多人並不喜歡做抽血檢查，即便是醫師建議，主

要是因為不想看到不好的檢驗結果。我們在前面提過，不想做檢查可能是出於行為上的偏誤，例如現時偏誤或損失規避。但與此同時，也可能是部分或全盤出於理性選擇，就是不想接收到負面資訊。回想前面的例子，很多人並不想知道自己有沒有癌症或心臟病的基因傾向，而原因之一肯定是因為得到這種資訊會產生享樂價值損失。某些屬於同類型的標示也是如此，提供民眾不喜歡知道的資訊（再次強調，就算結果是利大於弊，但不喜歡就是不喜歡）。

揭露資訊客製化可以彌補嗎？

我已經提過，理想上資訊揭露應該為每一個人量身打造；事實上我們逛市場或在現實生活中，也往往能依照自己的需求來取得資訊。你可以天天檢查戶頭餘額，也可以丟著不看；可以每天量體重，或是永遠別站上體重計；如果你戴上健康手環，就能了解每天的運動量、睡眠狀況。或許你喜歡知道這些資訊，或許這些資訊的確讓你改善健康，但也很可能你覺得健康手環簡直是個

噩夢。你可能是出於缺乏資訊，抑或受行為偏誤影響，因而覺得想要或不想要擁有健康手環。但當然，可能還有其他原因。

客製化揭露資訊存在極大的優勢，正是因為這可以確保能從資訊得到好處的人（無論是工具價值或享樂價值），確實都可以得到這些好處。市場上的資訊揭露通常也順應這樣的精神。想知道某些資訊，就能夠得知這些資訊；如果不想知道，也大可躲開。同樣的，政府機關可以試著採用具有明確目標的資訊揭露，理論上最後利弊相抵的淨效益會更高。以高熱量食物的資訊為例，可以只提供給想要或需要這種資訊的人；對熱量資訊不感興趣也沒需求的人就不用知道。原則上，客製化揭露資訊有其顯而易見的好處。[36]

當然在某些政策上，我們很難只提供資訊給某個人，而不提供給多數人或所有人。比如速食店若是公布每一道餐點品項的營養資訊，肯定所有顧客都看得到。然而透過應用程式，就能讓民眾只在真正想了解時才取得資訊，提升客製化的程度；就算沒有應用程式，政

府也可以一方面向所有人提供簡短資訊（例如油耗指南），同時向需要的人提供詳細資訊。如此一來，也可以提升客製化的程度。

對於客製化資訊揭露的擁護者而言，第一章所提出的論點除了是支持的理由，也是一種警訊：不想要資訊的人，可能會面對資訊不足、資訊匱乏或行為偏誤的問題，讓他們不想取得可能對自己有利的資訊。當然，讓他們不想取得資訊的因素，可能進一步讓他們不想利用這些資訊；因此就算提供資訊，也不見得能讓任何人得到好處。而我們肯定也能想像到一種情況：雖然一開始取得資訊的意願並不高，但一旦收到資訊後，行動卻大不相同，而且協助自己之餘還能幫助其他人。例如當民眾了解到節能可能省下的錢，或是某項產品可能對其他人或環境造成危害之後，就可能做出不同的選擇。

害人不能好好享受爆米花2：
改變之後，還是可能發生享樂損失

就算民眾戒了菸，或是選擇低熱量食物，得到利

91

大於弊的結果，但過程中還是感受到痛苦，那麼就不能說完全沒有付出成本。儘管最終利遠大於弊，還是不能直接將這項成本忽略不計。這並不表示享樂成本比較偉大。既然都是民眾取得完整資訊後做出的選擇，還是應該假設結果是利大於弊。只不過，到底大多少？

要回答這個問題，就必須考量享樂成本。食物熱量標示之所以是許多人眼中的成本，是因為他們知道眼前美味的起司漢堡會讓腰圍變粗。理論與實務之間的確存在差異，而實務上，即便是理性的管理者可能也不知道要如何量化享樂成本（頂多是承認有這項成本，但未加以量化）。這裡要強調的是，享樂成本確實存在。

消費者福利損失

第四種損失的形式則是消費者福利損失（consumer welfare loss）。假設民眾經過整體判斷，認為因為漢堡的熱量較高，所以應該吃沙拉、而不是起司漢堡。他們最後基於食物熱量標示而選擇沙拉，整體而言確實利大於弊，儘管這個選擇沒那麼令人開心，卻是個更聰明（更

健康）的選擇。但也意味著在一定程度上，他們享用食物時不如以往愉快。

　　要計算消費者福利損失的程度，無論在概念上或實務上都是一大挑戰（後面適當章節會討論）。對於這一點，人與人之間也存在異質性，有些人的感受會比較糟，有些人的感受沒那麼糟。但毫無疑問，兩者都會發生消費者福利損失，只不過可能僅僅占了整體效益的一小部分。原則上，要是享樂損失幾乎要抵消健康上的效益，放棄吃漢堡的行動只能讓利稍微高於弊。所以，當強制性標示讓人決定以產品A來取代產品B，造成的福利損失程度就是除了這個標示會讓人關注的特性外，產品B優於產品A的程度。

　　舉例來說，有兩部車型結構上幾乎相同的汽車供消費者選擇。其中油耗表現較佳的車子每年能夠省下2000美元；油耗表現較差的車子則是在售價上便宜500美元。假設消費者受到油耗標示影響，最後選擇較省油的車款。對於這些消費者，我們可以說油耗標示讓他們得到1500美元的效益。但實際上，油耗標示帶來的效

益並沒有這麼好計算。部分消費者可能會購買較省油、但其他項目上等級較差的車款，所以得到的效益應該是「1500美元減去X」；X指的是他們原本屬意車款所具備、而他們也想要的功能。但要政府計算X平均究竟是100美元、1000美元或1450美元，實在不簡單。

內生偏好的（關鍵）問題

　　前述的推論都是先認定人的偏好是固定、一致、外生（exogenous）的。但在某些情況下，這項假設並不正確。[37]人的偏好本來就相當多變，會隨時間變化，有時候是因為資訊、有時候是因為經驗。但偏好是否會改變、何時改變，都難以預測。就像人與人的關係，有人說因為了解而變得親近，也有人說因為了解而不再往來。這讓前面的分析變得更為複雜，並且衍生出一種風險：如果是資訊所引起的偏好改變，就無法透過成本分析計算得知。

　　假設在第一個時間點，民眾愛吃漢堡、不愛吃沙

拉;現在閱讀熱量標示後,來到第二個時間點,為了做出比較健康的選擇,於是決定改吃沙拉。換吃沙拉形成一種成本:他們想念漢堡(好吃!),不太喜歡沙拉(討厭!);再到第三個時間點,民眾的口味可能慢慢變了,覺得不喜歡漢堡(噁心!),喜歡沙拉(新鮮!)。因此,要想進行成本效益分析,得考慮偏好如何隨著時間變化,而這在實務上會形成極大的挑戰。原本成本極高的選項,可能伴隨時間經過而降低成本。改變的幅度難以預知,改變的跡象也難以捉摸。改吃沙拉的人有可能變得愛上沙拉;也可能仍然對漢堡魂牽夢縈,對沙拉的厭惡感日益加深。

效益

在效益上,就更難估計了。[38]如果政府打算強制標示油耗資訊,各單位可能會想先預測這項指令究竟能帶來多少經濟和環保上的效益。首先,應該要清楚知道,任何預測都不容易。想預測效益,政府單位得先探討這

些標示將如何影響民眾的行為,至少在經濟上或其他重要層面上的影響。我在前面提過,原則上這種時候可以採用隨機對照實驗判斷,讓一組民眾觀看油耗標示,另一組觀看不同的標示(或是不標示),政府單位就能了解這個標示對於民眾購買決策可能造成的影響。擁有這些資訊,相關單位就能預估對經濟和環境的衝擊(如果他們能在這些實驗中歸納出結果的話)。

然而我們也提過,要進行隨機對照實驗有時並不容易,因此也就難以預測消費者對於標示的實際反應。如此一來,政府或許只能仰賴民調、焦點團體訪談(focus group)來取得相關資訊。經過精心設計的民調,或許能讓我們了解消費者與勞工對於資訊的反應。[39]但即便如此,若僅僅依據調查結果來推斷民眾的行為改變,還是十分冒險的做法。

有時候,政府會想訂出金錢或健康上的目標。如果沒有進行隨機對照實驗,就可能會透過調查,進一步了解民眾究竟是會少花點錢、多存錢,還是寧可避免風險。不過,結果並非總是合乎預期;民眾對於資訊既可

能反應過度、也可能反應不足。但如果政府預測準確，就能知道一些重要的事情。例如菸盒上駭人的警告圖示或許的確能發揮作用，讓每年因為吸菸相關因素而死亡的人數減少2.5萬人；又或是透過設計精良的油耗標示，讓消費者省下1.2億美元，並帶來同等規模的環境效益。部分政府單位會嘗試做出這樣的預測，而隨著科技創新，預測也會愈來愈精準。

　　有時候，政府掌握諸多資訊，等相關科技成熟之後，還能知道更多資訊。這沒什麼不好。但問題是，出於以上提過的種種因素，再怎麼預測，我們也無法確定最後是否利大於弊。就算真能透過隨機對照實驗，了解油耗標示讓民眾省下多少錢，我們也還是不知道淨福利效益。原因就在於，這些目標並未列入各種認知與享樂成本，而這可能會形成效益的上限；另一方面，這些目標也並未列入享樂效益，而這可能形成效益的下限。

支付意願

我們也會看到政府從另一個方向切入議題，不問省油車輛能省下多少錢，而是問一個完全不同的問題：消費者願意花多少錢來取得油耗標示？我們在第一章談過，這種做法並不難。

的確，如果只是籠統的調查民眾對於某項資訊的支付意願，只是拋出難題要他們回答。他們要怎麼運用這項資訊？能從中取得多少效益？民眾對這些事很可能所知有限，甚至一無所知。此外，問卷調查中一些涉及降低風險（risk reduction）的提問，可能會產生讓人極度困惑的答案。比如調查發現，消費者的「支付意願」與「願意接受金額」（willingness to accept）存在巨大的落差；對部分消費者來說，一旦產品帶來的風險太大，**無論價格高低**，都不願意購買或使用。[40]這樣的結果就讓人質疑，光是談論資訊的支付意願（或許代表可以省下的錢或降低的風險），究竟能否充分反映資訊帶來的福利效果（見第六章）。但至少在原則上，支付意願還是能

透露些許資訊，有其實用價值，能夠反映出民眾關心的所有因素：不光是能否達成指標目的，還有資訊帶來的一切成本與效益。

針對家庭能源的使用（home energy use），奧科特與凱斯勒（Allcott and Kessler）提出一項支付意願的重要研究。[41] 他們的做法也是提供資訊，但提供的是一種很特殊的資訊：他們告訴民眾自家能源與鄰居的用量比較，以及一些節能的小訣竅（見圖 2.4）。

平均而言，民眾得到這些資訊之後，每年能夠省下約 7 美元。但奧科特與凱斯勒發現，雖然民眾大致上願意付費取得資訊，但願意支付的平均金額僅 2.8 美元，遠低於能夠省下的平均金額。這個結果告訴我們，如果我們只看平均省下多少錢，等於嚴重高估資訊帶來的淨福利效益。我們並不清楚，為什麼民眾對於資訊的支付意願遠低於他們在經濟上的獲利：假設他們能因此省下 7 美元，為什麼他們只願意付 2.8 美元？

但再想想，答案並不難理解。民眾的支付意願相對較低，或許反映出得到資訊所衍生的福利損失：比如得

圖2.4　家庭能源使用報告的社會比較與相關訣竅

(a) 社會比較

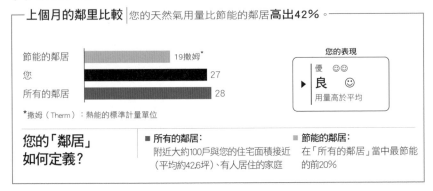

── 上個月的鄰里比較 │ 您的天然氣用量比節能的鄰居**高出42%**。──

節能的鄰居　　　　　　19撒姆*
您　　　　　　　　　　27
所有的鄰居　　　　　　28

您的表現
優 ☺☺
良 ☺
用量高於平均

*撒姆（Therm）：熱能的標準計量單位

您的「鄰居」如何定義？

■ **所有的鄰居：**
附近大約100戶與您的住宅面積接近（平均約42.6坪）、有人居住的家庭

■ **節能的鄰居：**
在「所有的鄰居」當中最節能的前20%

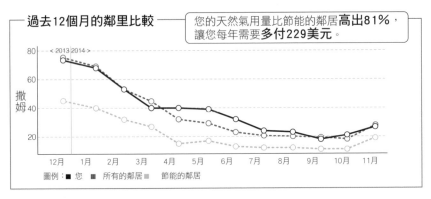

── 過去12個月的鄰里比較 │ 您的天然氣用量比節能的鄰居**高出81%**，讓您每年需要**多付229美元**。

圖例：■ 您　■ 所有的鄰居　■ 節能的鄰居

100

(b) 相關訣竅

您的專屬小訣竅 ｜ 如果想取得完整的節能與聰明購物建議，請連上網站**utilityco.com/rebates**。

應急之道
您現在就能做的事

☐ 冬天打開百葉窗

利用冬天直射的陽光，就能有效降低電費。白天打開百葉窗或其他窗戶遮蔽裝置，讓免費的熱能與光線透進屋內。

朝南的窗戶可以帶來熱能，陽光在早上9點到下午3點間也最強烈。

讓陽光照進屋裡的時候，別忘了將暖氣的恆溫器調低幾度。簡單的兩個步驟，就能節能省錢。

每年省下
達**10**美元

聰明購物
以划算的方式省下更多電費

☐ 調整自動恆溫器設定

調整自動恆溫器設定，能在你外出時自動調整冷暖氣，回家時享受您想要的溫度。

如果您還沒有可設定自動調整的恆溫器，不妨到附近的居家用品店選購。為求舒適方便，請務必將恆溫器設定在節能選項。

若安裝或設定恆溫器需要協助，請見說明書或電洽製造商。

每年省下
達**65**美元

聰明購物
以划算的方式省下更多電費

☐ 做好門窗密封填縫

一般家庭可能有高達25％的熱能都是從門窗流失。

要是您不排斥自己動手，只要幾小時就能完成門窗縫隙的密封。如果使用填縫膠條，一扇窗戶只需約1美元；較耐久的材料則需每扇8至10美元。對外門的門底也請安裝門底氣密條。

您也可以尋求專業人士的協助。

每年省下
達**10**美元

花時間了解資訊、讀到不如意的消息會覺得不開心，而且真要做些什麼來節省能源也得耗費時間心力。因此，奧科特與凱斯勒研究所提出的明確金額，就是涵蓋諸多因素下的支付意願結果。有時也反映出一項事實：一部分、甚至可能很多人並不願意付出金錢來取得資訊，甚至寧可付錢換得「不要」接收資訊。事實上，這也恰恰符合奧科特與凱斯勒做出的結論：許多人並不想收到自家能源使用報告，因為這害人不能好好享受爆米花！

當然，肯定有人**喜歡**奧科特與凱斯勒提供的家庭能源使用報告。也就是說，如果真要全面了解這麼做的效果，就必須計算接收這類報告的享樂**效益**。（別忘了，很多人連食物熱量標示都能讀得津津有味。）呼應這一點，奧科特與凱斯勒也發現其中存在極高的異質性；許多人願意付出高於7美元的費用取得這份報告。奧科特與凱斯勒讓我們學到重要的一課：若政府希望政策可以真正發揮福利效果，應該將資訊只提供給真正想要資訊的人。

理想情況下，考慮到民眾的偏好和價值觀可能改

變，政府必須了解的是民眾的支付意願，而不僅僅著重於消費者（例如）購買較省油的車子後可能省下多少錢。再次強調：根據樂觀的假設，支付意願應該能反映出對於消費者而言所有重要的因素。但當然，支付意願並無法完全反映出對於第三者的影響（third-party effect），也無法反映出偏好和價值觀隨時間改變後的福利效果。

資訊與偏見

實務上，直接詢問支付意願或類似的問題，並不容易得到可靠的答案。雖然奧科特與凱斯勒的確直接詢問民眾，我也曾這麼做（見第一章）。但如果想得到真實的答案，詢問時應該附帶提供一些相關資訊。舉例來說，標示出民眾可以得到的潛在效益（比如單純在經濟或其他層面上的效益）。我們期待民眾的支付意願是他**們取得充足資訊**後的決定，而非在資訊真空下做出的選擇。民眾宣稱願意付2.8美元、1美元或15美元取得家庭

能源使用報告時，會不會只是隨便亂喊數字？有可能。
那麼這些數字有什麼意義？或許根本沒有意義。

遺憾的是，如果提供關鍵資訊，又可能對受訪者形
成定錨效應（anchoring effect），讓他們的答案受到偏誤
影響。例如告訴受訪者，一般家庭得知家庭能源使用報
告後每年將省下7美元；又或是告訴他們，油耗標示會
讓人選擇比較省油的車，平均每年將省下100美元。這
些數字會對受訪者產生定錨效應，因此難以判斷他們的
回答所代表的實質意義，也很難從他們的回答中推估福
利效果。

假設我們能夠克服定錨效應的問題，而且消費者
取得充足的資訊，對於家庭能源使用報告的平均支付意
願（假設）為10美元。此時，我們就能對資訊帶來的效
益建立起大致的概念，至少是在答案未受行為偏誤扭曲
的前提下。然而實務上，民眾的回答很容易受到行為偏
誤影響；比如我們前面提到的現時偏誤與樂觀偏誤，都
可能導致支付意願的金額過低或過高。面對調查取得的
結果時，並不能完全相信受訪者的答案，部分原因在於

並未實際進行金錢交易。但即便研究流程中加入金錢交易，依舊難以確定提供資訊給受訪者的方式是中性的，而且不會造成任何偏誤。

談到與健康相關的資訊揭露，問題會變得更困難。受訪者可能本來就所知有限，難以回答願意為相關資訊支付多少費用。舉例來說，食物熱量標示的其中一個目標是減少肥胖，因為肥胖導致各種健康問題，包括過早死。要是詢問受訪者願意花多少錢來取得標示，等同於要他們考慮標示可能帶來的影響，比如食物熱量標示是否有助於改善他們的健康、改善幅度又是多少。然而，這些問題並不好回答。（就像直接問你，你願意花多少錢讓明年吃的所有食物上都標示熱量？而你會如何決定你的支付金額？）

的確，如果**監理機關**將重點放在標示後希望達到的目標，而非支付意願，就有辦法將標示對健康的影響換算成金額。例如在美國，現在的「統計生命價值」（value of statistical life, VSL）約為900萬美元。[42]但光憑食物熱量標示，能夠避免多少人過早死？對於死亡之外的不良

健康結果，這些標示又有何影響？要回答這些問題，政府就得承擔兩項任務：第一，預測食物熱量標示如何影響民眾對於食物的選擇；第二，根據以上的預測，進一步指出民眾降低熱量攝取後，對健康會造成什麼樣的影響。假設政府能做到這兩點，至少可以稍微掌握食物熱量標示可能帶來的好處；接下來要完成第三項任務：將結果換算成貨幣金額。完成這三項任務，政府就能找出明確的目標。這自然是好事一樁，但因為前面提過的種種原因，這些目標往往並未計入各項認知和享樂損失，因此多半有誇大效益之虞。（但我們也提過，這些目標可能同時帶來享樂效益。）

但我們現在要關注的是支付意願，而非目標。我們要問的是，受訪者願意付多少錢取得食物熱量標示？[43] 一如我們在前面所提到的，原則上這個問題會比讓受訪者自行評估對健康的影響更適合，原因在於支付意願可以反映出受訪者在意的所有因素；[44] 但前面同樣也提過，光憑調查就想取得可靠的數據，還要確保受訪者擁有充分的資訊、而且不受各種偏誤影響，實在難上加難。要是

民眾的偏好總是不斷改變，而且無法趨於穩定，願意支付的金額很可能大大低估標示所帶來的福利效果。而且別忘了，民眾有時改用其他產品後，反而愈用愈喜歡。我認為成癮商品（如香菸）的相關問題也屬於這一類，標示有助於戒癮，也可能帶來福利效果。不過請注意，也有研究指出，提高香菸稅會讓吸菸者覺得更快樂。[45]

預測你有多幸福

　　試著回想，當你要受訪者提出支付意願時，其實等同於請他做出預測。讓我們舉一個再日常不過的例子：要是消費者打算購買一輛要價3萬美元的新車，而不是2.5萬或3.5萬的車款，他肯定已經對於這筆花費的福利效果做出預測。然而，對於個別消費者來說，要做對預測、從三輛車中選定一輛車，並沒有那麼容易。消費者真的能夠準確預測不同車款將帶給自己多少福利效果？就算真能預測，要預測的問題也並非那麼簡單；除了在三輛車裡做選擇，消費者也該考慮這筆錢不拿去買車還

能做什麼。這可能很困難。對於部分相對熟悉的商品，大多數消費者或許已經擁有足夠的使用經驗，或是掌握合理的經驗法則，不至於錯得太離譜，但也還是存在出錯的可能。

再談到健康風險，例如脊椎被撞斷、嚴重的腦震盪、心臟病、糖尿病等等。我不久前在一場車禍中被撞到嚴重腦震盪。過去，我完全不知道嚴重腦震盪是什麼感覺（總之感覺超差）。假使我們問受訪者，願意支付多少錢讓某些疾病的健康風險降低至1/n，這需要受訪者先判斷這項健康問題的嚴重程度。然而，受訪者真的有能力做出判斷嗎？通常沒有。即便有些資訊能協助他們降低罹患某些疾病的風險，但他們真的有能力判斷那些資訊的價值嗎？通常沒有。

面對這些挑戰，監理機關有兩種做法，但都遠遠稱不上完美。第一種做法是雙管齊下，試著找出答案：其一是訂出適當的目標（省多少錢、對健康有何益處）；其二是透過民調了解民眾究竟想知道哪些資訊，而且最好同時提供相關資訊協助受訪者回答。例如美國的監理

機關在某些重要情況下，會特別強調要訂出適當的目標。[46]第二種做法是監理機關承認有困難，坦承無法解決這項問題，採用損益平衡分析來決定是否繼續進行。

假設美國政府每年需要花費1000萬美元，才能讓每一台冰箱都有能效標章；而美國每年又會售出800萬台冰箱。因此，即便每一位消費者每年只能靠這項標章省下50美分，但只要短短三年，全美就得以回收成本。或許政府可以先判斷效益的上限或下限，接下來進行損益平衡分析時也就有些根據。損益平衡分析可能較粗略，但有時會讓我們發現，要求揭露資訊的理由要不是非常強，就是非常弱。

2019年有個精采的案例。當時美國食品藥物管理局（FDA）提議在菸盒和香菸廣告上加注新的警語和警示圖。[47]前面提過，FDA為此提出明確的理由，不是從公衛的角度出發，而是指出這麼做能「讓大眾更了解吸菸對健康的負面影響」。為了顯示這些警語標示能夠達到目標，FDA強調，光靠1984年就已經放上的純文字警語還不夠，許多人（包括青少年）對這些字眼根本「視若

無睹,毫無印象」;就算有印象,也從未好好思考警告標語的意涵。相較之下,警示圖片更能引起注意、提高意識,也能讓大眾更了解與吸菸相關的健康風險(包括中風和癌症)。

FDA也自行做了一項研究,測試哪些警語文字和警示圖能夠提升大眾對吸菸危害的理解。最後提出的新警語中有一句是這樣的:「吸菸會傷害你的孩子。」根據研究,FDA發現這句警語(以及其他十幾個句子)確實能引起民眾注意,也會在腦中留下印象。FDA同時透過個人訪談、焦點團體和線上研究小組,確定哪些圖像能讓人更了解相關的健康風險。

這麼做的成本和效益為何?FDA表示,光是採用、設計、輪替與宣傳各項標示,每年就需要花費將近1.1億美元。接著談到效益,FDA也承認「難以量化」。理由很簡單:如果政府著重於提升公眾的理解,而非減少疾病與死亡,就很難估算究竟能省下多少錢。但為了替這項法規辯護,FDA還是做出簡要的損益平衡分析,指出就算警示圖的效益低到每包菸只有1美分,也已經相當

划算了。當然這也暗示著，政府至少值得付出每包菸1美分的代價，讓大眾深入了解吸菸的健康風險。

其中較隱晦的一點在於，若只是為了「提升大眾理解」就施行這項法規，是否真的合理？我們當然可以了解，當大眾廣泛理解相關概念之後，最終應該能降低人們吸菸的意願。而要是一條生命價值大約900萬美元，而我們在此所關注的正是過早死的問題，那麼當警示圖能夠每年防止13人過早死，就是一筆划算的生意！這不僅僅是一場有利的賭注，其拯救的生命很可能遠遠超過這個數字。

仔細盤點

政府要求資訊揭露，核心目的還是為了促進公眾的幸福、讓生活更美好。很多情況下，美國國會會要求或授權聯邦機關推行相關規定，並以行政命令要求各機關明列資訊揭露的效益與成本，證明值得政府付出代價（衡量民眾福利的代理變數）。對於聯邦政府機關而言，

預測效益一直是個難題，而它們通常會採取下列四種辦法：（1）拒絕配合，認定效益無法量化；（2）採用損益平衡分析；（3）預測最後目標，例如經濟上的節約、健康上的成果；（4）預測民眾對於相關資訊的支付意願。

但這四種方法各有嚴重的缺點，也都面臨合理的反對意見。假使非常樂觀的假設，就可以靠著詢問支付意願來涵蓋所有重要的因素，包括健康效益，以及接收資訊造成的享樂損失（所以民眾才會完全不想為資訊付出任何費用，甚至還願意掏錢出來將資訊擋在門外）。詢問支付意願的一項好處在於，能夠展現客製化資訊揭露的潛力，確保只有想要資訊的人才會得到資訊。已經有許多情境透過市場機制，達到客製化資訊揭露的目標，將來政府應該也會著手思考這樣的可能性（至少在該資訊尚未隸屬公共財的前提下）。

然而，支付意願的概念存在重大的問題。有時候民眾就是沒錢，所以即使某項資訊能夠大幅改善生活，依舊無法提升他們的支付意願。而且在實務上，民眾往往

無法取得足夠的資訊，好合理判斷自己究竟願意為（更多的）資訊支付多高的金額。如果你根本沒聽過化學物質XYZ，你願意付多少錢去了解你最愛的食物裡是否有化學物質XYZ？除此之外，民眾不只缺乏資訊，還可能受到行為偏誤影響（包括現時偏誤與樂觀偏誤）。

我們也發現，民眾的偏好會不斷改變，**也會受到資訊影響而產生新的品味和價值觀**。就算在某個時間點能夠合理推算當時的支付意願，這個金額也不見得能真正反映出實際的福利效果。要提出一個支付意願的金額，就是對未來做出預測，而這往往不簡單。此時，政府至少應該進行損益平衡分析，通常也是唯一能做到的事。如果因此找出效益的上下限，就能透過分析進一步了解資訊揭露是否確實利大於弊。如此看來，損益平衡分析常常是個很好的選擇。

不過一大挑戰是，損益平衡分析等於承認自己的無知，而如果沒有訂出上下限，只會讓民眾無所適從。未來更好的做法，絕對攸關於政府在資訊揭露上真正的理解，以及這將如何影響民眾的生活。這些影響可能非常

正面，也可能非常負面，接下來在資訊揭露法規及相關
效益的研究上，我們應該優先找出這些問題的答案。

第三章

心理學

與喬治・洛溫斯坦（George Loewenstein）和
羅素・戈曼（Russell Golman）合著

　　相較於較積極的監督管理方式，要求資訊揭露的一
大優點在於較為靈活，也尊重自由市場運作的機制。政
府監理法規往往會大刀一舉砍下，忽略異質性可能造成
嚴重的不良效果。舉例來說，強制規定電器必須達到一
定的能效標準，就可能導致後續生產的產品性能變差，
或提供消費者不想要的性能。相較之下，要求提供資
訊，是尊重消費者選擇的自由。要求汽車製造商測量並
公布汽車安全規格，想買車的人可以在安全與其他考量
（例如價格和樣式）上做出權衡；要是餐廳顧客都能知道

餐點熱量，想減肥的人可以善用這項資訊，不擔心熱量的人也不受影響。單純揭露資訊，並不會干擾消費者自主，甚至有助於個人做決定時的自主權（以及決定的品質）。而且如果設計得當，還能提升決策時的效率。

怎樣才叫設計得當？美國芝加哥大學法學院講座教授歐姆瑞·班夏哈（Omri Ben-Shahar）和密西根大學醫學院教授卡爾·施奈德（Carl Schneider）的一篇文章凸顯這個問題，篇名耐人尋味：〈強制資訊揭露的失敗〉（The Failure of Mandated Disclosure）。[1] 兩位作者足足花了12頁列出美國聯邦與各州法律、行政規則，以及法院裁決中卷帙浩繁、有時荒謬無比的資訊揭露要求。這些要求涵蓋幾乎所有類型的貸款、銀行帳戶、共同基金、信用卡、證券經紀人、信用報告機構、投資顧問、自動提款機、當鋪、發薪日貸款（payday loan）、先租後買（rent-to-own）合約、分期付款銷售、各類保險合約、汽車租賃、自助倉儲設施、汽車拖吊廠、汽車維修行，包山包海不一而足。其中或許最有趣（可能也略顯驚悚）的例子，是要求加州殯葬業者告知棺材買家：「並無任何科

學或其他證據顯示，具有密封裝置的棺材能夠保存人類
遺體。」

　　對於資訊揭露的各項規定，班夏哈與施奈德深表
懷疑。部分原因出於揭露方式通常設計不佳，部分原因
則出於他們認為最後注定會失敗。不論他們的論點是否
正確，只要仔細讀過文中列出的清單就會發現，政府通
常在特定情況下才會強制要求揭露資訊：其一是買方手
中的資訊較少、賣方手中的資訊較多；其二是買賣雙方
的交易誘因在一定程度上不對等（請注意，在許多重要
案例中，所謂買賣雙方指的可能是提供與接受建議的
人）。例如以下情況：

- **汽車經銷商與汽車買主的互動**。賣方比較了解自
  己販售汽車的安全性，但汽車安全性對於買方更
  重要。
- **連鎖餐廳與用餐者的互動**。賣方比較了解自己販
  售餐點的營養成分，但餐點的營養成分對於買方
  更重要。

- **醫師和患者的互動**。賣方比較了解不同的醫療檢測與療法，但可能會出於個人誘因，向患者推薦不符合患者最佳利益的特定檢測、藥物或服務（例如手術）。

- **製造商與消費者的互動**。製造商將生產工作外包給不當對待勞工或破壞環境的承包商，而消費者雖然喜歡低價，卻也想購買「綠色環保」或符合社會責任的產品。

資訊揭露除了想解決傳統資訊不對稱（asymmetric information）或誘因不一致（misaligned incentives）所形成的市場失靈；有時也是為了保護消費者不受傷害。現在除了傳統的經濟理論，也能從心理學與行為經濟學得到支持強制資訊揭露的論點。這套新的論點，處理的是所謂「行為市場失靈」（behavioral market failure）。行為經濟學參考一般經濟學的外部性（externality）概念，帶入**內部性**（internality）概念，也就是消費者替自己製造成本，但在決定當下並未意識到這件事。舉例來說，吸菸者可能很享受

吞雲吐霧，卻不想得肺癌；暴飲暴食造成肥胖問題的人，享受美食時很開心，卻仍苦惱於伴隨而生的健康問題；今天揮金如土快樂花錢的人，等明天發現口袋空空，可能也高興不起來。

　　請注意，光憑內部性這一點，還不足以構成充分理由要求強制揭露資訊；至少還要證明雙方的誘因有一定程度的不對等。假設買方在第一時間做出的決定，將在下一個時間點造成長期的成本，而且程度超過第一時間得到的短期效益。這時，如果賣方的誘因與買方的長期利益一致，所提供的資訊或產品應該會努力減少或消除買方的內部性。

　　但很顯然，情況多半不是如此。舉例來說，當速食店顧客並未加以考量餐點熱量對於健康的影響時，業者反而可能利用這一點，提供生產成本低、卻不利於健康的餐點。同樣的，買車的顧客沒注意油耗表現時，車商也可能大推生產成本低、更符合顧客其他需求的吃油怪物車款。

　　資訊揭露的形式十分多元，但究竟哪一種形式最合

適,則視市場失靈的狀況而定;而根據能否驗證資訊真偽(資訊錯誤會受罰),決定會完全不同。舉例來說,速食店的熱量標示與車商的油耗標章都能夠透過科學驗證;但在醫師針對患者是否適合進行臨床實驗的判斷上,我們很難認定醫師是依專業做出診斷,抑或是收了介紹費。

假設資訊能加以驗證,資訊揭露就可以關注在解決資訊不對稱的問題;提供資訊給資訊不足的買方或建議的接受者,讓這場資訊競賽更公平。舉例來說,政府要求藥廠在處方藥的包裝外加注警告標示,目的是減少藥廠與患者間的資訊不對稱。藥廠掌握藥物副作用的相關資料,但患者在資訊揭露後才能得知;要求車廠提供油耗標章,也是基於相同的道理。

然而,在資訊無法驗證的情況下,並無法以強制資訊揭露來解決資訊不對稱的問題,因為無從得知揭露的資訊是否正確。[2]但無論資訊能否獲得驗證,都可以要求資訊較完備的一方揭露自身誘因,了解雙方誘因不一致的情形。例如紐約州就規定房屋買賣雙方必須簽署資訊

揭露表（證明雙方皆已得知所有資訊）：「向可能的買賣雙方告知（與房屋仲介的）代理關係，以及衍生的權利義務。此項資訊揭露有助於您依據與房屋仲介業者及其銷售代表的關係，做出明智的選擇。」

可能也有人認為，雙方利益是否一致應該再明顯不過，並不需要特別向某一方揭露。但目前的研究顯示，許多人聽取其他人的建議時，並未意識到雙方的利益並不一致，或至少表現出沒有利益不一致的情況，因此就算與提供建議的一方出現利益衝突，仍然會相信這些建議。[3]因此，資訊接收者或許當下不該輕信資訊，而是尋找和資訊提供者具有競爭關係的其他資訊提供者，聽取另一方的說法。[4]然而，揭露各方誘因不一致的情況也可能造成傷害。比如有些人會過度反應，連對自己有好處的建議也拒絕接受；當患者發現自己與醫師存在利益衝突時，就打定主意不聽取醫師建議。另一方面，當資訊提供者充滿道德感，打算提供公正的建議，這時卻揭露雙方的誘因不一致時，反而可能破壞這個動機（後面會進一步討論這種「道德許可」〔moral licensing〕現象）。

　　資訊揭露也可能以很多方式**提供**。以醫師和病患的關係為例,醫師可以在看診時直接揭露潛在利益衝突,也可以採取較間接的方式(例如等待看診時,由候診室的工作人員提供紙本資訊)。不同的揭露方式,會影響買方是否真的會注意到資訊內容。像是連鎖餐廳提供食品營養資訊,可能只需要在消費者要求時提供,也可能根據「平價醫療法案」(Affordable Care Act)公布於菜單上。站在經濟的角度來看,有些細節看似無關緊要,實際上卻至關重要。

心理機制

　　我們得到資訊時的反應,會受到幾種心理機制影響。

1.注意力有限

　　經濟學上有愈來愈多研究證實心理學家數十年來的想法與調查:人在任何時間點上,能夠注意到的資訊量非常有限。一般經濟學論點聲稱注意力是稀有資源,

認為我們必須針對注意力的分配做出理性（過程可能極為迅速）的決定。但相對的，心理學研究則認為，人無法**決定**如何分配注意力，有些事物就是會引起我們的注意，這時其他事物則會消失在背景之中；即便那些事物十分重要、理性上應該要加以注意，卻也有心無力。這兩種論點的差異有時無傷大雅，有時則非常重要。因此整體觀之，假使我們想討論資訊揭露的效果，「注意力有限」應該是最重要的一項因素。

正因為人的注意力有限，很多時候資訊揭露只是白費力氣，因為消費者根本不會注意到那些資訊，通常就覺得「都好啦，隨便」，然後繼續做自己的事。舉例來說，網路上到處可見隱私權揭露事項，但真的會閱讀內容的消費者不到3％；[5]更有高達75％的消費者以為隱私權政策是要保護消費者的隱私。[6]然而這些政策的實際作用卻恰恰相反，是要確保消費者放棄自己的隱私權。[7]我們身邊充滿揭露的資訊，我們卻往往視而不見。看清這一點，肯定會覺得不可思議，我們接觸的資訊那麼多，真正注意到的卻那麼少。

　　一種最常見、而且顯然非常重要的資訊揭露形式，就是各種產品的警告標示。麥卡錫等學者（McCarthy et al.）整理出約400篇產品警告標示的相關研究，結論是：「產品上的警告資訊，對於使用者的行為與產品安全並無顯著可見的影響。」[8]雖然這個結論看似過度悲觀，卻也反映出真實狀況。當揭露資訊的規定證明無效，或許應該考慮改進涉及資訊或其他的監理法規，包括採取任意法規（default rule）的做法。

2.無法注意到錯失的資訊

　　經濟分析一項關鍵假設指出，人不僅僅看到眼前的資訊，還會留意當下該看到、卻沒看到的資訊（根據這項假設，只要能夠驗證資訊真偽，就無須要求揭露資訊）。說得更明確一點，一般的經濟分析假設，企業如果只向民眾提供部分資訊，民眾反而會覺得「沒透露的部分」必然有問題，所以會在心裡自動預設最壞的情況。然而心理學研究顯示，這項重要的假設應該無法成立。前面已經提到，人們對眼前得到的資訊，注意力已

經相當有限；而對不在眼前的資訊，就算具有同樣的重要性，得到的關注往往會更少。[9]

　　我們可以在真實的市場環境找到有力的證據，證明我們無法注意到錯失的資訊。電影圈有一種稱為「冷發行」（cold release）的發行方式，也就是未經口碑試片就直接上映發行。片商之所以採用這種方式發行電影，通常是因為他們覺得影評人的評價不會太好；而理想上，消費者若發現電影居然直接上片，而且沒有任何影評口碑，應該會做出合理的判斷。然而實際上，比起試片時得到負面口碑的電影，冷發行的電影在初期的票房表現反而更好。[10]

　　民眾無法注意到錯失的資訊，伴隨而來的就是各種「自願資訊揭露」，但效果往往差強人意。舉例來說，當醫師需要登記取得「無利益衝突證明」時，患者即可推論：沒有這項證明的醫師，肯定存在某些利益衝突。然而，當患者心理上不會去留意醫師缺少這項證明時，也降低醫師主動迴避利益衝突的動機。[11]同樣的，美國通過「營養標示與教育法案」（Nutritional Labeling and

Education Act）之前，產品脂肪含量較高的沙拉醬製造商也選擇不自願標示，等到須強制揭露時，這些廠商的銷售額應聲下滑。[12]

3.注意力受動機影響

就算民眾的認知能力足以注意到揭露的資訊，也不一定總是會注意到。我們在前面談過，資訊不只是用於決策的一項要素；資訊本身就能帶來效用。[13]例如資訊會影響享樂價值，一旦要處理令人感受不佳的資訊時，民眾往往會視而不見。我們也談過，投資人常常是在市場上漲的時候，才會登入帳戶，查看自己的投資組合表現；市場下跌時，卻不願意面對現實。[14]研究也發現，在愛滋病等疾病的醫學檢測上，風險最高的族群反而比較不會去接受檢測，原因可能是確診的後果太嚇人，抑或過度害怕聽到壞消息的風險。[15]

一項研究針對罹患亨丁頓舞蹈症風險較高的族群，調查這些人是否會去醫院進行檢測。[16]畢竟若能了解自己是否患有這種疾病，做出許多人生抉擇時（例如要不

要生小孩）應該非常有幫助。然而，很多人選擇不做檢測，往往拖到症狀出現才面對現實。更耐人尋味的是，相較於檢測後發現自己並未罹病的人，不做檢測的人做出的人生抉擇並無不同。民眾需要做決策時，內心似乎認為「不檢測」就等於「沒有病」。

關於醫療的資訊揭露，相關心理層面當然非常複雜。即便揭露的資訊完全相同，不同的患者也會出現不同反應；向對方揭露醫療資訊時所產生的影響，會和對方心理上的焦慮與痛苦程度呈現正相關。[17] 舉例來說，容易焦慮的人得知確診癌症時的反應也會比較強烈。此外，揭露的醫療訊息攸關自己、或是自己關心的人（例如孩子），也可能有所區別。比如對於許多唐氏症兒童的父母來說，或許愈多資訊，可以讓他們愈懂得如何照顧孩子；所以他們大多認為資訊愈多愈好，即便是壞消息也無妨。[18] 至於壞消息的影響程度，也會隨患者對自身健康先入為主的印象有所不同。假使患者原本就認為自己可能罹患重病，就更有可能以這種方式來解釋檢測的結果；假使病患本來就認為自己的罹病風險不高，也會

做出結論認為檢測結果印證自己的看法。[19]這很清楚呈現注意力受動機影響時可能的狀況。

注意力會受內心的動機影響，這一點在強制揭露政策上最明顯的意義在於：如果某些資訊令人感到不安，很可能會被忽視或淡化。對於刻意挑動情感的健康警示（也就是採用所謂恐懼訴求〔fear appeal〕策略），研究指出，假設僅僅提出嚇人的警告，卻未立刻提供應對方法，事實上可能形成反效果。這顯然是因為民眾過度害怕風險，導致不想面對的逃避心理，自然不可能做出回應。[20]類似的情況包括民眾表現出不切實際的樂觀態度（尤其涉及個人風險），反而對自己不利，[21]也會削弱資訊揭露的效果。

另一個較微妙的意義在於，就算政府打算透過資訊揭露法規來處理企業選擇性提供資訊的問題，效果卻不見得那麼好。無論**企業**究竟有沒有選擇性隱瞞資訊（不管出於自願或是相關法規要求），事實上消費者都可能會依循成見，只看支持自己決定的資訊，而對其他資訊視而不見、或是淡化處理。要是冰淇淋店並不想標示餐

點熱量，卻必須基於法規公布，喜歡吃冰淇淋的顧客也可能會在腦中自行「編輯」資訊，無視那些降低愉悅感的資訊。

4. 機率判斷出現偏誤

經濟學上原本就認知到，機率判斷可能出現隨機誤差（random error）。但一般來說，我們會假設人不會出現系統性偏誤，也就是認為大眾通常能做出正確的估算。但出於種種原因，我們知道事實並非如此。[22]研究發現，人們會出現系統性偏誤的領域就包括食物熱量、[23]教育效益，[24]以及駕駛不同油耗表現的汽車對能源消耗造成多大影響。[25]

對機率的錯誤估計，對於資訊揭露而言意義重大。舉例來說，我們揭露吸菸影響健康的資訊，是要阻止民眾吸菸；揭露食物熱量資訊，是要協助民眾減少熱量攝取。但要達到成效，前提是人們在資訊揭露前，確實因系統性偏誤助長其不良行為；但情況不一定總是如此。有些研究就發現，無論是吸菸者或非吸菸者，往往會**高**

估吸菸的健康風險。[26]但是，多數吸菸者就算面對準確或高估的吸菸統計風險數字時，又會**低估**吸菸對他們**個人**的風險。[27]於是對於部分或多數吸菸者而言，一旦揭露吸菸的實際風險，反而可能鼓勵他們繼續吸菸。

更重要的一點在於，有些醫學檢測與處置對於降低絕對風險幾乎無效。舉例來說，透過某些癌症篩檢來避免症狀惡化致死的比例大概只有千分之一。民眾原以為篩檢帶來的好處應該遠大於這個數字，但得知實際數字之後，可能不會再有那麼多人願意接受篩檢。這在我看來是好事，不過一些愛說道理的人或許另有看法。

5. 道德許可

目前許多行為經濟學與實驗經濟學的文獻都指出一種很多人認為理所當然的現象：人會深受各種「涉及別人」（other-regarding）的動機影響，例如利他主義、公平性、希望覺得自己是好人，以及在其他相同條件下希望說真話、[28]並期待其他人也這麼做。[29]假使揭露的資訊牽涉道德（如動物福利），或是相關揭露法規正是要處理

常見誘因不一致的情況，很可能因為這些動機，而讓賣方願意為買方利益著想，做出不符合自身物質誘因的決定。[30]

　　正因為人們出於本能想提供公正的建議與高品質產品（儘管少數天真的消費者買到劣質品也看不出來），才會願意揭露利益衝突。但有時候，一種稱為**道德許可**（moral licensing）的複雜現象會削弱人們做好事的動機。[31]所謂道德許可，指的是「讓人以為得到某種許可，可以去做原本覺得不對的事」。像是利益衝突的事件中，假使建議人認為已經透過資訊揭露的方式，向接受建議人告知利益衝突的情形，接下來可能比較不會意識到自己還需要繼續提供公正的建議。關於道德許可的研究，目前的實證研究多半還在發展中；這裡只是要稍微點出資訊揭露也可能遇上這種風險。

　　耶魯大學管理學院教授戴利安・凱恩等學者（Daylian Cain et al.）曾經透過一項研究，證明道德許可的現象。他們要求調查的受試者想像正參與一場實驗，扮演建議人的角色向另一人（預測者）提供建議；預測者會看到一張照

片，照片裡有個裝著軟糖的罐子，預測者要猜測軟糖的數量，並依據準確程度得到獎金。[32]這裡為建議人安排（假設的）利益衝突情境：「要是預測者猜測的數量比罐子裡的軟糖數量多，建議人就能得到50美元的獎金。」此外，研究人員告知建議人，罐子裡實際上有1900個至2900個軟糖；接著再請建議人回答，如果他們建議預測者猜測一個高於2900的數字（期望預測者高估軟糖數量），這種做法的道德程度有多高？這裡分成兩種情境：第一種是告訴建議人「預測者不知道你有50美元獎金的誘因」，第二種是告訴建議人「預測者知道你有50美元獎金的誘因」。研究結果符合道德許可的理論：建議人認為只要預測者知道有利益衝突存在，就算自己建議的數量較高，也沒有那麼不道德。

同一批學者又做了一系列類似設計的實驗，顯示相較於完全不揭露利益衝突的情況，揭露利益衝突之後，道德許可會造成十分強烈的影響，對建議人有利、但對接受建議的人有害。[33]實驗結果後來經過複製並延伸模擬真實的生活情境，兩方分別是購屋者與有利益衝突的房

仲業者。[34] 研究顯示，如果事先揭露誘因不一致的相關資訊，可能會造成反效果，讓購屋者未蒙其利，先受其害。儘管如此，我仍不打算在此妄下結論，聲稱揭露利益衝突必然是個壞主意；揭露利益衝突有時還是可以提升建議的品質。然而這當中存在風險，我們可能揭露利益衝突後，結果非但沒有變好，反而變得更糟。

乞丐效應與影射焦慮效應

還有兩種心理現象，可能會讓揭露誘因不一致的做法出現反效果。如果揭露建議人的利益衝突，的確一如預期讓接受建議的人降低對建議人的信任。但相對的，接受建議的人在兩種心理機制的影響下，也可能因此感受到壓力，反而傾向接受自己並不信任的建議。

第一種心理機制是**乞丐效應**（panhandler effect），意指揭露利益衝突之後，雙方雖然都知道建議人可能得到利益，接受建議的人卻可能感受到壓力，覺得應該要協助建議人取得利益。舉例來說，假使醫師告知病患，只

要他們參與某項臨床實驗，醫師就能得到一筆介紹費，病患可能隱隱覺得醫師是在請自己「幫忙」拿到這筆錢。

第二種是**影射焦慮效應**（insinuation anxiety effect），接受建議的人擔心一旦拒絕建議（得知利益衝突之後），會釋放出一道負面訊號，傳達出自己似乎認為那項建議帶有偏見，即暗指建議人貪圖利益。好比在利益衝突未經揭露的情況下，接受建議的人（投資人）可能會出於風險規避、或是對目前的投資組合已經相當滿意，因此缺乏意願再投資理財專員推薦的新基金。但是當理財專員承認投資人只要購買他推薦的基金，他就能得到佣金，此時有些投資人可能會覺得要是不買，就像是不信任理財專員，不相信理財專員能超脫利益衝突。

兩篇研究中，美國哈佛大學研究學者蘇尼塔・沙赫等人（Sunita Sah et al.）分別進行實驗室研究與實地研究，了解假設與實際的結果。過程中，建議人與接受建議的人之間存在利益衝突，而接受建議的人則可能被告知、或未被告知這種情況。[35] 所有的實驗結果都顯示，揭露資訊會增加接受建議的人對建議人的不信任感；但可

能受乞丐效應或影射焦慮效應影響，接受建議的人會同時感受到心理壓力，因而聽從建議。幾項實驗下來，乞丐效應與影射焦慮效應的影響程度提升，接受建議的人雖然變得比較不信任建議人，但聽從建議的可能性卻變得更高。

聚光燈效應與「洩密的心」效應

心理學並不一定總是和資訊揭露的有效性唱反調。有些情況下，明明從經濟學角度來看無須揭露資訊，但站在心理學的立場，則會因**「洩密的心」效應**（telltale heart effect）讓資訊揭露提高效果。強制揭露資訊可能會使揭露資訊的人「改邪歸正」。[36] 舉例來說，洛杉磯餐廳的衛生評等會影響來店人數，於是餐廳會努力改善衛生。[37] 然而有趣的是（某種程度上，餐廳衛生評等也屬於這類），**即便消費者沒什麼意見，業者仍會有所反應。**

這種模式引發一個很明顯的問題：資訊揭露之後，如果消費者幾乎視而不見，為什麼業者還是願意回應，

並且回頭改善產品？光從利潤上考量，既然消費者沒發現，業者大可繼續走老路就好。顯然這些業者或許高估消費者可能的反彈，又或是對於被揭露的資訊感到愧疚。我們不禁懷疑，業者極可能高估資訊揭露後受到公眾注目的程度。這種想法接近聚光燈效應（spotlight effect），[38]一般人會高估旁人對自己的注意程度；也像是愛倫坡（Edgar Allan Poe）的知名短篇小說〈洩密的心〉（The Tell-Tale Heart）中的主人翁，他殺了人，將屍體藏在公寓地板下之後，總覺得警察肯定聽到死者的心跳聲。[39]

　　根據目前一些證據顯示，食物熱量標示似乎對消費者的影響並不大，或說完全沒有影響。[40]但是從一項研究中似乎可以看到業者因此出現「洩密的心」效應。2005至2011年間，幾座城市開始要求標示食物熱量，研究人員爬梳這段期間的公開存取網頁檔案庫，想了解當時速食餐廳菜單的變化。[41]其中，五家連鎖速食品牌位於需要標示熱量的地區，另外四家連鎖速食品牌位於無須標示熱量的地區。雖然整體而言，這幾年較健康的餐點並未變得較受民眾歡迎，但位於需要標示熱量地區的品牌，

卻都在菜單上增加較健康的主餐選項。[42]

　　然而，就算菜單上多了一些健康的選項，並不代表消費者一定會埋單。一項研究就顯示，更多的健康選項可能會造成「月暈效應」（halo effect），引發反效果。錢頓與威辛克（Chandon and Wansink）的研究發現，相對於一頓熱量相近的麥當勞餐，如果消費者吃的是看起來「比較健康」的Subway，會大大低估所攝取的熱量；[43]同一項研究也發現，點了號稱比較健康的主餐之後，消費者可能會加點熱量較高的配菜和飲料；而在Subway進行的一項實地實驗中，原本打算推出只提供低熱量選項的「便利菜單」，來鼓勵消費者選擇低熱量主餐，卻也出現這種替代效應。[44]

　　更多「洩密的心」效應的證據來自購買家電的研究。從證據來看，能效標章對於消費者的影響並不大，但對製造商的影響就大多了。美國能源經濟學家暨氣候政策專家紐維爾等人（Richard G. Newell et al.）的研究結果正是如此。[45]當美國強制要求標示能效之後，隨著能源價格上漲，能效相關的創新也大幅增加。韋德（Waide）

的研究則發現，自從歐盟開始要求標示能效之後，市場出現追求更高能效產品的趨勢，而且極為強勁，市場上A級能效的電器很快就達到飽和；歐盟相關單位進一步訂出A+與A++級，鼓勵透過產品差異化，追求更高能效。[46]

「洩密的心」效應尤其能發揮作用的領域，在於企業道德與對社會負責任的行為。紐約大學法學院教授艾絲特倫德（Cynthia Estlund）指出，企業不只在意公共形象，也在意資訊揭露法規可能帶來哪些好處。她表示：

> 各家龍頭企業會如此費心宣傳自己在永續性、多元性、倫理道德與整體社會責任等議題上的優秀表現，顯示其中的考量絕不只是傳統的勞動市場或產品市場競爭……針對社會重視的就業條件（以及其他CSR〔企業社會責任〕所主張的項目），若能強制企業揭露相關準確資訊，將有助於確保企業所聲稱擔負的社會責任都有事實依據；而企業未真正改善實際作為之前，無法輕易誇大自己作為良好公民的企業形象。[47]

在此，很可能是「洩密的心」效應在發揮作用。

讓資訊揭露真正發揮作用

我們應該怎麼做，才能改善資訊揭露政策？若能掌握行為科學，就能提出各式各樣的答案。

簡化與凸顯

人的注意力有限，想讓資訊揭露發揮更大的效果，最顯而易見的方法就是簡化資訊，以凸顯重點。正如查普曼大學法學院教授瑞普金（Susanna Kim Ripken）研究所稱：「要讓處理資訊揭露的系統發揮作用，除了必須提供完整、清晰、準確的資訊，用戶也要能夠閱讀與理解。而這正是今日資訊揭露失敗的原因。」[48]瑞普金主要談的是財務上的資訊揭露，而這個領域的問題尤其嚴重。企業揭露的文件往往充滿深奧難解的文字，目的是讓企業逃避責任，而不是為投資人提供容易理解的資訊。然而這是廣泛適用的，當然也適用於幫助消費者、

勞工與所有民眾的努力。

「簡化」能夠同時達到許多目的：提升理解的可能性、集中人們的注意力、凸顯內容重點。雖然確實有些方法能讓資訊無須簡化就更為凸顯（像是放大或加粗字體），但由於簡化與凸顯往往攜手並進，所以我接下來會一起談。

巴格伐與馬諾里（Barghava and Manoli）的研究證明簡化資訊的好處。[49]一項實地實驗測試將資訊簡化後，是否能讓更多人申請勞動所得稅收抵免（Earned Income Tax Credit, EITC）；結果發現，相較於一般郵寄通知（讓14％的人提出申請），資訊簡化後，申請的人還能再增加6個百分點；相對於資訊簡化，資訊複雜化同樣會帶來影響：申請的人減少4個百分點。

「簡化」基本上是件好事，但「如何簡化」卻絕非簡單的問題，而某些出於直覺的辦法可能會有意想不到的陷阱。美國與海外進行的研究顯示，如果採用分級分類式的標示（例如加上星號、用字母分類），而不是採用連續量表（continuous scale），讀者可以更快速理解、掌握

所標示的資訊、也更容易使用這些資訊。[50]紐維爾與西卡馬奇（Newell and Siikamäki）的研究就發現，在一項使用受試者內設計（within-subjects experiment）的實驗中，分別以簡化或複雜的標示向受試者告知不同熱水器的能效資訊，並請受試者選擇熱水器；結果發現，接收到簡化資訊的受訪者比較容易做出符合成本效益的決定。[51]最能影響消費者的方式，就是簡單指出節能將省下多少錢；但就算將這項資訊進一步以其他方式呈現、增加更多資訊，效果也不會顯著提升。或許最重要的一點在於，採用分級分類式的標示時，更多消費者指出他們將能效納入考量。[52]

我們在前面談到，食物熱量標示的效果好壞參半；也簡單說明當菜單在左邊列出食物熱量，而非在右邊列出時，這點小變化很可能帶來極大的影響。[53]這項發現之所以有趣，是因為很可能影響無數公私部門的設計。這項研究包括三組不同的實驗。第一個實驗地點在一所大學校園的連鎖餐廳，把大約150名參與者隨機分組，提供三種不同的紙本菜單：不標示熱量資訊、熱量資訊標

示在品項右側、熱量資訊標示在品項左側。結果顯示，熱量寫在品項右側的菜單，對於點餐不具任何影響；然而改放在品項左側時，受試者點餐的食物熱量減少達24.4%。

第二個實驗採線上問卷調查，約300名參與者挑選菜單上的品項，當中約一半的參與者會看到食物熱量標示在品項左側，另一半看到的標示在右側。此外，實驗還要求參與者指出影響他們選擇餐點品項的因素（例如口味、分量、價格、價值、熱量）。當熱量標示放在品項左側時，參與者表示他們會點熱量明顯較低的品項，而且他們更可能會說熱量的確是影響選擇的因素。

第三個實驗最天才，找來約250位說希伯來語的以色列人。希伯來語的閱讀方向是右至左，與英語不同，因此達拉斯（George Dallas）和他的同事假設，對於以希伯來語為母語的人而言，這項研究的結果會剛好反過來：食物熱量標示在品項右側的效果比放在左側大。他們將參與者比照第一個實驗分成三組：不標示熱量、標示在右側、標示在左側；同時比照第二個實驗，調查參

與者對於自己選項的想法。一如預期，熱量標示在品項左側時，這些人並不受影響，點的食物熱量與不標示熱量時沒有差別。但將熱量標示在右側時，他們點的食物熱量則明顯減少。

這裡簡單解釋這些發現：能否做到「凸顯」非常重要，因為人就是會被先看到的資訊影響。如果先看到「起司漢堡」，腦中會浮出「想吃這個！」的念頭，就算再看到「300大卡」也無妨，反正覺得「管它熱量很高，我就想吃這個！」；但如果先看到「300大卡」，或許會先想「熱量太高了吧！」，接下來就算看到「起司漢堡」也會覺得「雖然好吃，但是熱量太高了！」。換句話說，不論是菜單或任何領域，我們最先看到的資訊會形成引導作用，也會影響我們對於接下來第二、三、四項資訊的看法。

假使我們將目標放在簡化和凸顯，各種關於強制資訊揭露的法規最該改變的一點，或許恰恰是最難改變的一點，就是：**減少不重要的資訊揭露，並凸顯重要的資訊**。就目前美國的法規環境而言，改變最大的阻力在

於從聯邦、各州到地方，太多不同的立法與行政機關對於資訊揭露各有要求。我們可以說，各種警告與標示其實是某種形式的淤泥效應（見第七章）；而減少淤泥效應，才能真正凸顯出重要的資訊，使其發揮作用。

標準化資訊與可比較資訊

一般而言，如果能提供民眾可供比較的資訊，應該就能讓民眾在各種選項之間折衷權衡後，做出更一致、更合理的決定。[54] 這種觀點認為，如果能將揭露的資訊互相比較，或是以標準化格式提供，方便民眾比較，就能帶來最大的效益與影響力；但是當揭露的資訊無法直接供民眾比較，就算揭露了，可能也不具任何意義。尤其是在許多情況下，民眾並沒有獨力完成比較所需的認知能力。

在美國，資訊揭露通常會採取可供比較的格式，汽車的油耗指南與電器的能效標章就是如此，讓大眾了解不同車款的行駛成本或電器的使用成本有何不同。另一個例子是美國教育部提供的「大學評分表」（College

Scorecard），希望讓民眾知道哪些學校是更好的大學教育選項。這份評分表提供標準化資訊，讓準大學生得以比較全美所有學位授予機構的就讀成本、畢業率、學生付不出學貸的違約率、學貸金額，以及就業狀況。

　　談到各式各樣同類型的產品時，雖然（或說**因為**）提供標準化資訊看起來有著明顯的優點，以至於少有研究去探討標準化資訊是否真的會產生影響。但有證據顯示，提供可供比較的資訊與一些配套措施的確是好事，可以幫助民眾克服「比較阻力」（comparison friction），亦即當民眾想憑一己之力比較各種產品與選項時會感受到的阻力。在一項隨機實地實驗中，把選擇不同聯邦醫療保險（Medicare）方案的老年人隨機分成實驗組與對照組；在實驗組收到的信件中，會針對不同方案的成本，提供客製化、標準化、可比較的資訊。[55] 實驗組成員收到信後，28％決定調整原本選定的方案，對照組只有17％；在實驗介入下，實驗組中收到信的每位成員，每年預計支付的成本平均也下降約100美元。但請注意，由於配套措施同時包含多種不同的面向（可供比較的資

訊與客製化資訊），並不能將效果獨自歸因於任何一項機制。

　　有項針對可能需要發薪日貸款的人進行的研究發人深省，這些人已經取得發薪日貸款的年利率資訊（通常約450％），研究團隊則進一步提供其他類型貸款資訊，供受試者比較。[56]在第一個分組，將發薪日貸款的年利率與消費者可能還算熟悉的其他貸款利率互相比較，例如汽車貸款（一般的年利率是18％）、卡債（16％）、次級房貸（10％）；在第二個分組，則是將兩週到三個月間不同期間的發薪日貸款平均成本，與信用卡這種低得多的平均成本進行比較；在第三個分組，提供的資訊則是關於有多少比例（相當高）的發薪日貸款人還不出錢，只能不斷續貸。結果無論在貸款的申請或金額上，第二組資訊（提供平均成本）都會造成最大的影響（雖然顯著性〔significant〕有限，只勉強達到顯著）。請注意，不僅僅是因為第二組的資訊較方便比較，也只有這組提到實際金額，而不只是百分比資訊。因此，有可能就是因為實際金額被凸顯出來，以至於配套措施的影響

力增加。事實上，另一項以欠缺金融常識的勞工為對象的研究中，在相關費用各有不同的前提下，觀察這群勞工如何挑選投資基金。結果發現，比起百分比數字，以金額傳達費用影響受試者的程度更大。[57]

　　另一項研究則顯示，只提供可供比較的資訊，並不足以讓人做出更好的選擇，如何分類資訊也很重要。盧卡與史密斯（Luca and Smith）針對《美國新聞與世界報導》（*U.S News & World Report*）大學排行影響力進行研究，採用自然實驗法（natural experiment），觀察不同的大學排名列表方式會造成何種影響。[58]1989年到1994年，該刊物列出的前50名大學中，排名前25是依名次排序，後25則是依字母順序排序（仍會標出名次）；從1995年開始，前50名大學全依名次排序。兩位作者發現，原本落在後25名的學校使用名次排序之後，當排名提升，學生的申請率也出現顯著提升（由於資訊獲得凸顯）。相較之下，過去以字母順序排列時，雖然仍會標出名次，但就算排名提升，申請率也不會提升。[59]道理很明顯，如果只依字母排列，讀者就得費心了解學校排名

先後。就算這一點並不難，民眾在心理上還是會抗拒。

另一項研究檢視的是夏洛特梅克倫堡學區（Charlotte-Mecklenburg Schools）各校學業成績的簡化資訊，如何影響家長在學校上的選擇。[60]然而，無論是「簡化」或「排序」，研究結果並不令人樂見。在一項隨機實地實驗裡（作者的報告有兩項研究，這是其中一項研究），團隊隨機選擇幾所學校，向學生家長提供各校學業成績的統計資訊，並將每一間學校以學業成績分類排序。結果發現，家長最後做出的選擇，並沒有比完全沒收到相關資訊的家長來得更好。[61]

社會比較資訊

媒體大亨泰德‧透納（Ted Turner）曾經抱怨《富比士》（*Forbes*）只報導「美國最富有的人」的名單，卻沒有「美國最慷慨的人」的名單；網路雜誌《石板》（*Slate*）後來補上了這個空缺。研究顯示，社會競爭會鼓勵人們表現慷慨。[62]而這種「社會比較」（social comparison）資訊有各種操作呈現的方式。人們天性愛競爭，希望自己

至少能高於平均值，而透過社會比較，或許能夠建立描述性規範（descriptive norm，陳述多數人的實際行為，比如「95％的人會按時繳稅」）和指令性規範（injunctive norm，陳述多數人認為該有的行為，比如「95％的人認為公民應該按時繳稅」）。[63]或許出乎人們意料的是，描述性規範的效果往往高於指令性規範；大家通常更想做別人實際在做的事，而不是覺得該做的事。而社會比較資訊可以提供的是描述性規範，與此同時，也可能順道帶來指令性規範。

我們在第二章提過奧科特與凱斯勒的研究，可說是目前大家最深入檢視的案例，透過提供屋主自家能源用量與鄰居的比較，試圖影響民眾的能源用量。在這項案例中，位於維吉尼亞州的Opower公司與水電瓦斯業者合作，向家戶發出〈家庭能源使用報告〉，報告中指出與鄰居的比較（「優」、「良」、「用量高於平均」），同時附上「節能小訣竅」，例如「將空調溫度調高兩度」、「外出時調高空調溫度」。研究評估Opower這項措施的效果，發現當民眾得知自己消耗的能源高於同儕平均、同

時也得到節能小訣竅時,用量會顯著減少。[64]儘管影響程度不大(減少約2%),但相較於傳統的節能宣導方案,這項措施的成本效益更高。

但必須強調,目前尚未確定這項措施中的因果關係,因為一方面這項措施同時提供社會比較資訊與節能訣竅(心理學有時稱為**「通道因素」**〔channel factor〕);另一方面用戶可能一收到報告就會提高能源用量意識,不見得是受到內容影響。我們也要指出,有幾項研究發現,社會比較資訊帶來的影響很小、甚至沒有影響;而至少有一項研究(即前面提到的巴格伐與馬諾里研究[65])發現,社會比較資訊會造成反作用,讓申請勞動所得稅收抵免的人數降低4.4%。

企業與其他機構的公開評等,也會對行為造成影響。例如一項針對美國環保署公布的「全國毒物排放清單」(Toxics Release Inventory)的研究,檢視當企業突然上榜、列入評分排序時,會如何影響企業行為。[66]結果發現,相較於未受評等、或評等成績較佳的企業,評等較差的企業在後續表現會有所提升。針對這份清單的其他

研究也觀察到顯著影響，並認為原因在於企業害怕被列入「環境黑名單」。[67]

　　社會比較資訊似乎也有助於大幅減少大學醫療院所某些類型的利益衝突（例如藥廠與醫療設備製造商向醫師送禮等）。美國醫學生協會（American Medical Student Association）推出「無藥廠評分表」（Pharmfree Scorecards），評等美國各大學醫療院所的利益衝突（conflict of interest, COI）政策，似乎在鼓勵大學醫療院所實施更嚴謹的COI政策。[68]在華盛頓特區強制要求揭露處方藥的行銷支出之後，2007至2010年期間，藥廠的行銷支出（包括餽贈醫師金額）即出現下滑。此外，針對收受製藥產業經費公開演講的醫師，公布2009年排名前八位的姓名與金額後，隔年這組名單得到的經費顯著下滑（該項研究的對照組為排名第九到十六位的醫師，並未揭露其姓名與收受金額）。[69]

　　從以上及許多案例都能發現，假使我們希望改進企業與其他組織的表現，透過「羞愧感控制」會是有效的策略。[70]但同時要強調，這種方式也可能造成反效果。例

如媒體對學校的排名可能形成惡性循環，評等低的學校
會逐漸耗盡資源、學生素質愈發低落，於是更難改正、
甚至無法改正評等所發現的問題。[71]此外，社會比較資訊
不一定會讓人想奮發向上。的確，Opower的案例似乎證
明提供社會比較資訊，可以有效降低整體平均用電量；
但也有研究觀察到所謂的迴力鏢效應，部分用戶發現自
己的用電量低於平均之後，反而開始增加用電量。[72]

「有聲有色」的重要性

我們都知道，比起單調的統計數字，若能讓資訊變
得有聲有色，影響力也會更大。[73]這點在資訊揭露政策上
有其重要的意義。例如吸菸，許多研究顯示，相較於單
純的警示文字，搭配文字的警示圖更有效。原因可能是
圖片挑起強烈的情緒，也可能提升民眾的風險意識，甚
至激起戒菸的念頭。[74]所有呼籲戒菸的警示圖中，雖然有
的看起來很嚇人（如壞死的器官照），但研究顯示，比
起以抽象的文字描述菸害，具體圖像對吸菸者的影響更
為顯著。[75]不過正如我們前面所提到，人的動機會影響注

意力，因此警示圖也可能引發反效果；消費者可能出於不想看到可怕圖片的心理，反而讓自己與警示資訊完全隔絕。[76]

智慧揭露與中介機構

　　有些情況下，例如證券交易的相關資訊揭露，無論是背後的資訊本身、或是抽象的法律用語，都複雜到不是一般人能輕易消化的程度；還有些情況，像是許多網站上根本沒人會閱讀的隱私聲明，一來資訊量過於龐大，而且並不值得投入太多時間心力讀完那些資訊；再來是利益衝突的揭露，雖然過程不複雜、也不算冗長，卻難以評估它們對行為造成的影響。假設醫師告訴病患，若病患願意參加醫師推薦的臨床實驗，醫師就會得到一筆介紹費，那麼病患是否該因此拒絕參加實驗？要做決定，首先需要判斷醫師的推薦，是否確實受到所揭露的利益衝突影響。但是非常困難。

　　基於前述情況，要是接收資訊的人覺得難以判斷，不妨交給更專業的中介機構，由中介機構協助梳理資

訊，做出判斷。許多非營利組織，例如「消費者支票簿」（Consumers' Checkbook，https://www.checkbook.org/）就能提供民眾這種功能。因此往後在資訊揭露上，各企業或機構單位可以考慮不是將資訊直接提供給消費者，而是採用標準化格式，方便中介機構出面處理、分析，整理成方便終端用戶使用的格式（或許收取一定費用）。透過這樣的流程，伴隨而來的效益很可能比想像的更高。

以GPS資訊為例，現在GPS在各種面向的應用不但非常實用，更充滿創意，這是早期支持公開這項資訊的人所無法想像的。歐巴馬政府也是為了這個目標，推出「智慧揭露」（Smart Disclosure）計畫，[77]鼓勵供應商提供可下載、機器可讀取的資訊，部分原因正是為了方便中介機構參與，協助（例如）能源與醫療照護的消費者了解自己的行為，進而做出更明智的選擇。

生活變得更複雜

加入心理因素之後，是否該要求揭露資訊的相關論

點也變得複雜許多。正因為人的注意力有限、又會受動機影響，即便揭露資訊，也可能被忽略，尤其是資訊很複雜的時候。而一旦揭露新資訊，就算的確是重要的資訊，也可能讓比較舊、但更重要的資訊遭到忽略。出於注意力有限與本章所談的其他心理因素，雖然有人將揭露資訊的好處吹得震天價響，但資訊揭露之後，接收資訊的人卻不一定會出現重大的行為改變。

與此同時，資訊揭露卻可能對提供資訊的一方產生很大的影響。這就導出另一項謎團：如果接收資訊的人並不會受到揭露的資訊影響，為什麼提供資訊的人會改變行為？一來可能是因為資訊提供者認為揭露的資訊很重要，而高估對資訊接收者的影響程度；也可能是他們對於資訊內容感到愧疚和羞恥，希望顧及自己的聲譽。於是出於「洩密的心」效應，即便資訊揭露未能改變消費者行為，也算是帶來有益的影響。

遺憾的是，談到揭露「誘因不一致」的利益衝突情形，也可能在資訊提供者這端造成反效果。提供建議的人明知有利益衝突，還是提供公正的建議，隨著利益衝

突揭露,卻又像取得道德許可,反而提供帶有私心的建議;而接受建議的人出於乞丐效應與影射焦慮效應,雖然在利益衝突揭露後對建議方的信任度下降,心理上卻感受到更大的壓力,彷彿非照辦不可。

揭露資訊時,如果能配合心理學概念,就能讓資訊揭露更加有效。其中一些看來大有可為的方式,包括將資訊簡化、標準化,同時應用社會比較的概念。我們需要進一步研究,更深入了解強制要求揭露資訊時,什麼樣的時機、原因與做法,會讓這項要求產生意料之中與意料之外的結果,也才能更加了解改進的方式。但有一點已經非常清楚:心理學會讓一切有所不同。

第四章

說者無心，聽者有意

與歐倫・巴吉爾（Oren Bar-Gill）和
大衛・施卡德（David Schkade）合著

　　波士頓塞爾提克隊已故傳奇教練「紅頭」奧拜克（Arnold "Red" Auerbach）常說：「重點不是你說了什麼，而是他們聽到什麼。」當政府強制要求廠商揭露產品的某種成分或特性時，消費者會「聽」到什麼？有可能會是與政府預期完全不同的內容，而使廠商與消費者的福利遭受嚴重損失。

　　舉例來說，如果政府強制要求在菸盒上標示香菸致癌的警語，消費者應該會聽到「危險！不要買！」這種政府希望消費者聽到的內容。在這種案例中，政府從科

學證據得到結論，認定某種產品或成分對消費者有害，於是透過強制要求揭露向公眾傳達這項資訊，降低民眾對有害產品的需求。

但有時候，政府並不想要送出「危險！」的訊號。舉例來說，政府要求標示食品是否含有基改或生物工程成分，不過目前或許沒有科學證據足以認定該成分有害健康。政府之所以要求揭露資訊，可能是因為相信消費者有權知道自己究竟買了什麼、成分或特性是否有害，也可能是感受到利益集團的壓力，又或是要表彰社會價值（如支持某國銷售的產品）或道德承諾（如動物福利），而與健康風險完全無關。

又或者，目前初步掌握到一些顯示可能有害的證據，但還遠遠不足以證明應當發出「危險！不要買！」的警告；所以只是在傳達「有些初步、尚未確定的因素令人擔憂，無法肯定民眾是否應該購買」的訊息。近年來，美國環保署曾認真考慮將某些物質列為「受關注的化學物質」；但這並不意味著已經存在任何具權威性的研究，證實那些物質會造成健康風險。但既然存在初步

的證據，部分官員就認為應當告知大眾。直到現在，美國政府仍未允許列出這樣的清單，一部分原因是擔心民眾會因此錯誤解讀為「危險！不要買！」的警告。這個議題涉及的層面很廣，而很多時候，政府根本沒有警告的意圖，消費者仍以為政府對他們敲起了警鐘。

　　每當政府決定強制揭露產品具有某種成分或特性，消費者會面臨所謂的「**推論問題**」（inference problem）。資訊揭露之後，消費者對產品的想法會受到以下因素影響：（1）消費者在資訊揭露前的想法；（2）消費者對政府資訊準確性的評估；（3）消費者對政府動機的信賴。[1] 假設早在政府要求揭露資訊之前，消費者已經相當肯定該成分或特性有害，例如相信尼古丁具成癮性，那麼政府要求揭露資訊就只會稍微、甚至不會對消費者的想法產生影響。再假設，政府要求揭露資訊之前，消費者已經大致肯定該成分或特性無害，例如相信基改食品不會對健康構成威脅，那麼政府要求揭露資訊，同樣只會稍微影響消費者的想法（甚至毫無影響）。所以，當消費者已經了解相關資訊，或自以為了解相關資訊時，政府決定強制揭露資訊

與否，幾乎不會對消費者造成影響。一旦消費者對真相已有定見，強制揭露資訊並不會帶來任何不同。

接下來討論的情況則是消費者並不確定所揭露的成分或特性是否有害。這裡說的可能是基改食品、反式脂肪，又或是有些人相信會帶來重大風險的雙酚A（BPA）和雙酚S（BPS）。政府在這種時候要求強制揭露資訊，似乎會影響更多人。當然，這可能是個好機會。但也同時意味著，如果許多消費者並不確定該成分或特性是否有害，我們應該擔憂強制揭露資訊反而可能造成誤導。在許多領域，由於牽涉的問題過於技術性、過於複雜，又或是許多不同的解釋都言之成理，以至於消費者（或說多數人）心中難以抱持肯定的答案。

政府用來推論某種成分或特性是否有害的證據品質或準確程度，也會影響消費者在資料揭露後的想法；如果覺得政府確實掌握更精準的資訊，自然會覺得強制揭露的做法更有影響力。同樣的道理，當民眾覺得要求資訊揭露的政府單位擁有較高的專業度，也就更傾向接受揭露的合理性。事情本該是如此：假使消費者相信政府

擁有更準確的資訊、更高的專業，也更應該重視政府要求強制揭露資訊的決定；然而當消費者高估（或低估）政府資訊的準確性或專業程度，政府要求強制揭露資訊的做法，可能反倒會誤導消費者。

最後，或許也是最有趣的一點在於，消費者認定政府要求強制揭露資訊的動機，會大大影響消費者對這項決定形成的推論。當消費者認為政府是出於產品有害而要求揭露資訊，當然就更可能改變自身想法，轉而認定該產品有害；相較之下，當消費者覺得政府要求揭露資訊僅僅是因為相信民眾有知的權利，或是屈服於利益集團的壓力，也就不容易改變對於產品的想法。同樣的，事情本該如此。

真正的風險在於，要求強制揭露資訊的決定，也會誤導消費者。原因在於：**消費者誤解政府的動機**。舉例來說，消費者可能以為政府強制揭露資訊是因為產品有害，但事實上只是因為政府認為民眾有知的權利。像是我們談到基改食品，幾項研究發現其中確實存在問題。一項研究指出，「揭露基改成分」嚴重影響消費者對於

基改食品安全性的想法，儘管政府無意造成這種影響；[2]
一項相關研究也發現，對於資訊揭露做出錯誤推斷的風
險十分嚴重。[3]美國政府後來也注意到在這種時候，消費
者可能遭到誤導的問題。2015 年，美國食品藥物管理局
就指出：

> 要判定一項聲明是否虛偽或造成誤導，標準在於從
> 完整的標示或說明看來……是否暗示或暗指該食品
> 未經基因改造，而使該食品或其成分更安全、更營
> 養，或有所不同。舉例來說，假設一袋特定類型的
> 冷凍蔬菜，包裝上的標示聲明「並非透過現代生物
> 科技生產」；假設在這項聲明之外，標示上還有其
> 他聲明或插圖暗示或暗指這些蔬菜正因為並未透過
> 現代生物科技生產，而比其他食品來得更安全、更
> 營養，或有所不同，就可能會造成誤導。[4]

福利損失

一旦我們推論錯誤，可能會蒙受哪些福利損失（welfare cost）？先不管量化的答案為何，質化的答案已經非常明顯：推論錯誤，會讓人誤判風險，高估或低估產品某項成分或特性所帶來的危險。高估風險，可能讓消費者拒絕購買該產品，轉而購買另一項本來沒那麼好的產品（或決定不購買該類別的任何產品）；如此一來，消費者得到的福利就會減少。低估風險，則是可能讓消費者決定購買該產品，但實際上應該購買的是風險較小的其他產品；如此一來，消費者得到的福利同樣會減少。

政府判斷是否該強制要求揭露資訊時，應該比較「推論錯誤」與「不要求揭露資訊」，哪一方會造成更高的福利損失。不過，當政府不要求揭露資訊時，也可能導致消費者得到不完整的資訊，即高估或低估風險。這時候就要評估，「資訊揭露前的誤解」與「資訊揭露後的誤解」哪個更嚴重。要回答這個問題，我們需要先討論表4.1列出的三種情境。

表4.1　資訊揭露前與揭露後的誤解

情境	資訊揭露前的誤解	資訊揭露後的誤解
1	低估風險	低估風險的程度減少
2	低估風險	高估風險
3	高估風險	高估風險的程度增加

　　情境1：資訊揭露前，消費者會低估風險；強制要求揭露資訊後，低估風險的程度減少。這麼一來，消費者在風險評估上可以更貼近客觀的現實，提升購買決策品質、取得更多福利。情境2：資訊揭露前，消費者會低估風險；強制要求揭露資訊後，則轉為高估風險。這麼一來，兩種購買決策都會因消費者的曲解而受到影響；揭露前會買得太多，揭露後又買得太少。因此概念上還說不準對消費者福利的影響是好是壞，需要進行實證檢驗。情境3：資訊揭露前，消費者會高估風險；強制要求揭露資訊後，高估風險的程度更形增加。這麼一來，消費者的風險評估也會距離客觀的現實更遠，導致購買決策品質更差、取得的福利更低。

　　想得到量化的答案，當然沒那麼容易。但至少原則上，前述的分析已經能作為監理機關參考。透過調查研究，可以了解資訊揭露前後的影響傾向、甚至是程度。當了解傾向與程度之後，就能判斷屬於情境1或3，也比較容易下決定；情境1就應該要求揭露資訊，情境3則不該要求揭露資訊。情境2則是比較困難的狀況。如果不要求揭露資訊，就會讓消費者低估風險，過度消費；如果要求揭露資訊，則會讓消費者高估風險，消費不足。

　　比較這兩種誤解的程度固然重要，但光是這樣還不夠。就算低估風險的程度小於高估風險的程度，但在消費上的影響更大。理想的情況是，政府應該評估風險認知會對需求彈性造成什麼樣的影響（並強調需求彈性可能在低估與高估風險時大不相同）。如前所述，我們可以透過調查研究取得相關資訊。而面對無法取得足夠資訊的前提下，政府也應該堅持標準做法，坦承其中仍存在不確定性。當我們無法得到量化資訊、又具有重大的不確定性時，政府還是能夠運用一些有用的策略，例如訂出上下限。[5]有時，我們可以想像會受到現有的知識限

制，難以判斷資訊揭露是不是真的利大於弊。

減少錯誤推論

　　站在監理機關的角度，重要的是評估能否透過揭露更多資訊、或提出更好的思考框架，減少推論錯誤，亦即減輕、甚至避免出現福利損失。一個問題是業者自願揭露資訊可否糾正推論錯誤；另一個問題則是，是否可以透過強制要求，揭露更多資訊。

　　假設有一種虛構的化學物質BPH，根據政府法規要求，產品中如果使用BPH，必須標示在包裝上，並假設這項要求並不是因為科學證據證明BPH對消費者有害。在資訊揭露的情況下，BPH產品的賣方顯然有足夠的動機，教育消費者相信BPH安全無害（或至少目前並沒有證明有害的證據）。實際上，這種情況顯然已經存在。在美國，基改食品的賣方很可能也會想要透過廣告或資訊揭露，告訴民眾：「並無證據顯示基改食品有害人體健康。」

　　但出於兩個原因，廠商不一定總會自願揭露資訊。
第一，就算揭露也不見得有效，甚至會造成反效果。例
如標示「並無證據顯示基改食品有害人體健康」，民眾
還是會看到**「基改食品」**和**「有害」**這兩個詞出現在同
一個句子裡。對許多消費者來說，非但無法放心，反
而可能更擔心，而理性的廠商會考量到這種可能性。
第二，這類必須標示的資訊會造成「集體行動問題」
（collective action problem）：當一家廠商教育消費者基改
食品安全的相關概念之後，所有基改食品廠商都能共同
收割成果，因此很少有單一廠商願意跳出來、獨力投入
數百萬美元做這件事。集體行動問題或許可由產業協會
之類的團體來解決，又或是（在前文中的用詞問題得到
解決後，）使用一則簡單的標示或更正啟事即可處理，
讓利遠遠大於弊。

　　聯邦政府是否應該為了對抗錯誤推論的風險，規定
必須再揭露其他資訊來做為修正？舉例來說，如果擔心
揭露基改成分會讓消費者高估相關風險，政府可以強制
要求加注：「根據完備的科學證據顯示，基改成分不會

造成健康風險。」理論上，採行這樣的法規合乎道理，
既能減少錯誤推論造成的福利損失，也不會增加更多成
本（假設「做出這項揭露」的成本並不高）。但這還是
會面臨兩個問題：第一是前面提過的用詞問題，可能讓
加注說明變得徒勞無功，甚至形成反效果；第二是要考
量錯誤推論造成的福利損失程度，能否透過自願揭露資
訊的方式來加以減輕或消除。當福利損失很大、自願揭
露資訊不足以應對，而且確實能透過這類法規要求以減
少損失的前提下，就值得考慮採行。

第五章

道德錯誤

與艾瑞克・波斯納（Eric Posner）合著

　　我到目前所談的，多半是因為資訊會影響自己的生活，而想要得到某些資訊。但很多時候，民眾想要資訊、或是政府要求公開資訊，是為了改善其他人的生活，這是出於**倫理道德**因素，想幫助處在匱乏、受傷、脆弱與危險之中的人。在這種時候，揭露資訊除了提供福利並減少傷害，也允許或鼓勵民眾表達其道德信念，甚至促使民眾注意道德議題，進而改變社會規範。

　　如果是基於道德議題而推動資訊揭露，就很可能得面對「害人不能好好享受爆米花」的困境。比如想購

買的手機上標示「勞工製造本手機時遭受虐待」，或是想購買的牛肉乾包裝上標示「您將食用的這頭牛曾遭受殘忍對待」，又或是想購買的衣服標籤上標示「製造本產品的女性曾受到性騷擾」，可能不會太開心。或許正因如此，攸關道德議題的標示大多**強調正向的一面**，像是「零殘忍」（Cruelty-Free）、「動物福利認證」（Animal Welfare Approved）或「有機產品」（Organic）等等。但無論採用負面或正面標示，問題依舊存在：基於道德因素所揭露的資訊，實際會造成哪些影響？該透過法規強制揭露嗎？該用在什麼時機？

改正錯誤

為了讓問題更加具體明確，我們不妨參考以下案例：

1. 美國國會已經指示證券交易委員會（Securities and Exchange Commission, SEC）頒布法規，要求揭露

關於「衝突礦產」（獲利被用於資助大規模暴行的礦產）的資訊。[1]證券交易委員會是不是應該先確認這項資訊揭露會帶來哪些效益？對於可能因礦產而遭受暴行的人，證券交易委員會是否又應該試著指出這項資訊揭露可能發揮哪些有利的影響？證券交易委員會也知道許多消費者與這類資訊存在利害關係，那麼是否應該將這些關係加以量化、換算成金額？

2. 美國的「海豚保護消費者資訊法」（Dolphin Protection Consumer Information Act）訂出鮪魚產品標示的標準，[2]包括企業可以用「無害海豚」標示自家產品。[3]但政府應該如何判斷這些標示能為海豚帶來的好處？以及是否還需要提供某些數據？

3. 在美國，一項聯邦法律要求交通部和環保署製作油耗標示，提供包括溫室氣體排放在內的資訊。主管機關是否應該調查這些標示實際減少多少排放量？許多消費者關心自家車輛的溫室氣體排

放，希望減緩氣候變遷，而主管機關應該如何因應這個現象？

4. 許多消費者關注基改食品。[4]有些人是出於健康與環保因素，也有些人認為將食物進行基因改造「就是不對」。美國國會目前要求農業部擬訂法規，凡是基改食品就必須標示。[5]然而談到相關法規的效益時，農業部應該如何將消費者的情感因素一併納入考量？

還有些重要的情境，政府之所以要求揭露資訊，是為了保護兒童、其他國家的人民、某種不法行為的受害者、動物，甚至是自然生態。[6]大多數情況下，目標都是要減少一些引起道德關注的具體傷害，例如生命損失；也有時候，我們很難、甚至不可能判定具體的傷害，但還是要求要揭露資訊，以表達或實現自身的道德承諾。此時主要問題就在於，政府應該如何考量這些道德承諾。圖5.1列出幾種我在書中提過的道德資訊揭露。

圖5.1　基於道德因素的標示
（a）無害海豚標示，（b）無衝突礦產標示，（c）油耗標示，
（d）無基改成分標示。

評估福利效果

假設面對風險的主體是第三方，核心問題就變得很簡單：資訊揭露之後，會帶來什麼樣的福利效果？當然，必須讓相關的第三方得利才是最重要的。他們真的

能夠得到幫助嗎？究竟得到哪些幫助？舉例來說，在油耗標示裡加入溫室氣體排放資訊，究竟有何影響？

　　從第二章，讀者應該十分熟悉這類分析的核心特徵。我們要問的第一個問題是：消費者的反應程度有多大？民眾會因此選購較省油的車？多少民眾會這麼做？他們會選擇多省油的車？第二個問題是：民眾的選擇對於溫室氣體排放的影響程度如何？溫室氣體排放量因此減少1％？2％？5％？第三個問題是：在未來的氣候暖化上又會造成什麼樣的影響？第四個問題是：到頭來，這將如何影響人類健康、經濟成長、動物福利與瀕危物種等重要議題。在美國，政府企圖將排碳造成的經濟損害換算成「碳社會成本」（social cost of carbon），歐巴馬政府認定排放一公噸二氧化碳的經濟損害為40美元，川普政府認定為大約6美元。

　　不論大家對這些評估數字有何想法，前述的四項問題實在很難回答。然而，想了解資訊揭露法規到底帶來怎樣的效果，就無法迴避這些問題。其中，要判斷油耗標示對於溫室氣體排放的影響程度，肯定最富挑戰性。

主管機關有時的確擁有足夠的資訊，來判斷資訊揭露法規將為第三方帶來何種影響；或是判斷消費者可能的反應，進而預測這對實際狀況的影響。但如果以上都難以做到，也許只能仰賴損益平衡分析。

關於成本分析，與我們在第二章看到的幾乎相同，但也存在幾個小差異。一如往常，必須知道資訊揭露最單純的經濟成本，可能包括標示的製作費，以及查證資訊所需的費用。這些成本有時可能非常高，至少在產品種類較多的時候會是如此。以基改食品為例，美國農業部預計首年成本就高達39億美元，加上年度經常性成本也大約需要1億美元。原則上，還要考慮消費者的認知負擔，儘管理論上，這部分換算成貨幣金額應該小到可以忽略。

同樣的，我們也必須談到消費者的享樂負擔。假使讓消費者知道自己喜歡或愛用產品的負面消息，會形成一種成本，而且可能還不低。這些成本該算進去嗎？實在很難說，畢竟這的確是福利損失，會讓人感到難受、甚至憤怒。但如果說衡量福利時要納入一切實際發生的

狀況，就該將這種損失也列入考量。而站在倫理的角度，即便民眾得知真相而造成道德上的痛苦，從政府看來並不見得是「損失」。讓民眾知道爆米花會令人發胖是一回事；知道爆米花生產時工人遭到不當虐待，又是另一回事。有個論點說得好：如果是因為得知真相帶來享樂損失，站在政府的立場便不該計入。

不過假設消費者因此放棄原本想買的產品，又或是轉而購買另一項產品，這時他們會遭受什麼樣的損失？舉例來說，消費者原本非常喜歡某車款，但在知道該車款的溫室氣體排放量極高之後，最後決定買進原本沒那麼喜歡的車款；又或者當民眾決定只購買有公平貿易標章的巧克力，但其實沒那麼喜歡那個口味。這時，消費者確實蒙受損失，而這種損失就必須計入。

實現道德承諾

這時會出現一個更有趣的問題。[7]很多消費者希望實現道德承諾，他們不是為了自己，而是為了他們希望因

此得益的對象。而一旦實現道德承諾，他們當然也會因此受益。想讓民眾得到利益，監理機關可能會問：民眾願意付多少錢來實現自身的道德承諾？針對這個問題，我們也許能找出相關證據。舉例來說，民眾或許會願意付200美元，換取溫室氣體降低至一定的排放量。

當然，光是談錢似乎不太恰當，畢竟攸關倫理道德議題，通常不該淨想著多少錢能夠解決。但從福利主義出發，這種做法既切題，也很重要。假設一位市民約翰，他關心各式各樣的議題，包括自己的壽命、身體健康、生活舒適與否，而且喜愛海豚。對他來說，海豚的福利也是他的福利。海豚受苦，他也覺得不好過。但他到底內心變得多不好受？要將這種情況換算成金額肯定有所局限，但支付意願很可能還是最好的評量標準。

在相關議題上，過去已經有針對狗的實證研究。美國家庭每年大約會為寵物花費7000萬美元，但這值得多大的效益？這項研究針對飼主進行詳細訪查，詢問他們願意付多少錢來降低寵物染上犬流感而死亡的風險。[8]最後計算一隻狗的生命價值、或更準確來說是「統計狗命

價值」是1萬美元，明顯低於前面提到美國人的統計生命價值（900萬美元）。儘管如此，這仍然顯示出民眾願意付出相對高的代價，避免（自己飼養的）寵物死亡。這項發現也強烈顯示出，人類願意付出金錢去拯救非人類的生命。

　　當然，要制定政策拯救生命的時候，最重要的是拯救的生命本身，而不是想拯救生命的人有何感受。如果目標是避免一場國外的大規模暴行，能夠帶來的福利效果絕不是光看美國人的支付意願就能衡量。然而，民眾的福利還是很可能受到道德承諾實現與否所影響，甚至會有很深遠的影響。這一點從支付意願就看得出端倪。要是其他人的痛苦或死亡（無論指的是其他國家的國民、自己的孩子、性侵受害者、海豚或是未來世代）會影響民眾福利，就必須將損失計算在內。

　　當然，福利損失可能難以計算，而且大多數時候相對較小、甚至微不足道。尤其當民眾很可能原本就生活困頓，根本不願意花太多錢來實現道德承諾。但是原則上，如果要做成本效益分析，沒道理不將實現道德承諾

的支付意願納入考量。

　　成本效益分析之所以必須處理道德承諾問題，不只是因為許多政策涉及道德目的，也因為當國會要求主管機關達成這些目的時，很少會告知過程中將讓私部門負擔多少成本。根據美國證券交易委員會評估，要執行衝突礦產相關法規，產業預計損失約50億美元，也就是要想揭露衝突礦產的資訊，需要付出50億美元的代價。[9]

　　但在符合基本法令的情況下，當法規訂得更嚴格一些，代價會不會因此大幅提升至500億或5000億美元？反過來說，若法規訂得較為寬鬆，而且在符合基本法令的情況下，代價會不會下降到10億或20億美元？難道為了稍微多揭露一點資訊，美國證券交易委員會就該讓私部門承擔如此高額的成本嗎？倘若主管機關能將相關法規帶來的道德利益量化，就能夠更仔細拿捏法規的鬆緊程度，而非只是憑感覺決定。有些情況下，先將道德利益換算成金額評估，就能支持訂定更嚴格的法律。

　　為了讓各位了解這個問題，就舉珍和山姆的例子。珍對海鮮過敏，所以如果食品包裝上有標示是否含有微

量海鮮成分,她會大大鬆一口氣。在美國通過「食品過敏原標示及消費者保護法」(Food Allergen Labeling and Consumer Protection Act)之前,她得從專賣店購買有機食品,比起上一般超市購買同類型食物,每年得多花1000美元。[10]法律通過之後,珍就能上一般超市了!而且每年至少能省下1000美元,購買過去無法負擔的商品和服務。如此一來,我們可以合理估計1000美元是這項法案對民眾福利帶來的效益,應該可以說是效益的下限。

另一個例子是山姆,他沒有食物過敏,但非常關心海豚生態。他每年會捐款1000美元給海豚慈善機構,讓他們去遊說制定相關法律,保護海豚不受捕鮪魚的流刺網危害。美國國會通過「海豚保護消費者資訊法」之後,山姆非常高興,同時開始思考,他還需要繼續捐款給這個機構嗎?他還是很關心海豚,覺得每年花1000美元或許可以用來遊說制定更嚴格的法律來禁止流刺網,又或是制定有益於海豚的法律;但另一方面,他也有房貸要付。

在這兩個例子中,「過敏原標示法」可以直接讓珍

的生活過得更方便、幸福；另一方面,「海豚保護法」讓山姆變得更幸福了嗎?我們很快會發現,這項法案的確達成山姆的道德承諾,但並未提升他的生活福利。原因就在於法案內容和改善他的健康或安全無關;不僅沒有為他提供任何商品或服務,也並未(直接)增加他的財富。

從另一種切入點來看,我們也可以想像世界上完全沒有像山姆這樣的人,沒有人在意海豚的死亡。即便如此,使用流刺網造成海豚無謂喪命的結果,仍然是一種道德錯誤。在功利主義者眼中,或許會將動物的福利本身視為具備道德上的重要性[11](這其實是邊沁的想法,[12]而我也同意這一點)。但就算撇開功利主義,哲學上也往往相信客觀的道德現實的確存在,無須依賴人類內心的道德信念。例如哲學家相信,就算社會上沒有任何人(甚至包括奴隸自己)相信奴隸制度在道德上是錯誤的,奴隸制度仍然是道德錯誤。出於這樣的觀點,無論山姆這樣的人是否存在、大眾是否同意他的觀點,海豚的道德價值都不會受到影響。

這種觀點似乎會帶來一個意想不到的結論：主管機關應該要考量珍的個人偏好，並且無視山姆的道德信念。讓我們以邊沁的觀點來說明。假設世界上有10萬隻海豚，其存活的道德價值也反映出這些海豚的福利。假設山姆捐的1000美元代表他對於「讓海豚存活」的支付意願金額，這也意味著海豚存在的道德價值為1000美元。要是有1000人與山姆所見略同，海豚的道德價值就等於100萬美元；要是沒有任何一個人和山姆意見相同，在成本效益分析上，海豚的道德價值就會降到0元。

但正如我們所見，海豚的道德價值並非依據多少人關心海豚來衡量。也就是說，成本效益分析不該認為山姆願意的支付金額能正確反映出海豚的道德價值。於是，打算實施「海豚保護法」的監理機關雖然應該進行成本效益分析，但不應該將道德價值納入計算項目。當然，道德論點（反映在對海豚福利的承諾）非常重要，值得獨立考慮，但山姆的道德價值與此無關。

不過，這種結論也不正確。第一個、也是較次要的原因在於，當山姆一捐出1000美元，就少了1000美元能

用來增進自己的福利。要想計算得更準確，還得再分析山姆的動機。假設通過「海豚保護法」之後，山姆會將1000美元全數花在自己身上，如此一來就能確認該法案將使他的福利提升1000美元；但是當山姆重新考慮自身道德價值的選項後，將錢捐給其他團體，就難以判斷該法案是否真正提升山姆的福利，如果有，又提升多少？

順著這個問題，會引出更基本的第二個原因。假設山姆的主觀幸福感會受海豚影響；聽到海豚死於流刺網，幸福感會消失，並且感到痛苦難受。同理心是一種心理反應，類似厭惡、憤怒與恐懼，同時大大影響山姆的福利。相對的，當民眾能夠保護想保護的對象時，會為自己帶來正面的心理反應，原則上成本效益分析當然就該將此列入考量。人會願意付出代價來改善自己的福利，而情感狀態正是重要的一部分。（不妨試想前面對狗的研究，顯示出許多飼主願意付出很多錢來減少寵物面臨的危險。）

所以，如果我們面臨到海豚物種滅絕、或是絕大部分海豚會喪命的情況，會造成兩種不同的效果：**道德效**

果與**福利效果**。（當然，道德效果也是一種福利效果，但與消費者、甚至是人類無關。）兩種效果都該列入計算。要是海豚滅絕，會是一種道德錯誤，但是與帶給人類的福利效果無關。海豚滅絕會影響人類福利的原因，是因為這會讓關切海豚的人們感到不快樂，或是造成其他福利損失。而至少原則上，這些影響能夠量化，當然也會因為關切海豚的民眾多寡而有所不同。

總之，接下來就是最核心的概念：監理機關如果想分析資訊揭露法規會帶來什麼樣的福利效果，應該也要計算民眾覺得自身道德承諾得到實現時所感受到的利益。我們絕不會說這些數字就能涵蓋所有重要的因素，但想要完整計算，這會是重要的一部分。

大規模暴行與消費者選擇

在「陶德－法蘭克法案」（Dodd-Frank Act）中，美國國會要求證券交易委員會頒布法規，要求企業必須揭露是否使用衝突礦產；所謂衝突礦產，指的是這些礦產

的採礦作業遭剛果民主共和國與其他國家的武裝團體把持，用於取得維持武裝團體運作所需的資金。[13]證券交易委員會頒布相關法規，卻在法庭上遭受美國全國製造商協會（National Association of Manufacturers, NAM）的質疑。全國製造商協會提出一項論點，指出由於證券交易委員會並未進行充分的成本效益分析，所以就「行政程序法」（Administrative Procedure Act）而言，這些法規的制定過程是武斷且反覆的。然而，證券交易委員會確實計算過這些法規將帶給產業的成本，但並未計算所帶來的效益，理由是無法計算。最後，法院駁回全國製造商協會認定監理機關的成本分析在法律上不充分的論點。[14]

證券交易委員會的結論認為，資訊揭露法規會帶給產業30億至40億美元的一次性成本，此外每年還需要投入2.07億至6.09億美元。[15]與此同時，證券交易委員會也表示這項法規帶來的效益「無法迅速量化」。[16]而主要原因還不在於要如何將效益換算成金錢，而是連究竟能帶來何種效益都難以估算清楚。

證券交易委員會認為，我們本來就不可能知道揭露

這些資訊能否減少剛果民主共和國內發生的暴力行為；
而且就算能減少，又能減少多少？其間的因果鏈又長又
複雜：（1）消費者需要閱讀或了解揭露的資訊；（2）所
揭露的資訊能夠讓消費者減少向使用衝突礦產的公司購
買產品；（3）需求減少的幅度足以讓企業轉向尋找非衝
突礦產的供應商；（4）剛果民主共和國境內的武裝團體
收入損失大到讓他們放下武器，並進行和平談判。一旦
出現（4）或類似的情形，我們也會需要知道這將對民眾
造成什麼樣的影響。考慮到這一切，證券交易委員會的
結論指出，想透過量化來呈現效益幾乎是不可能的事。
而在法律層面上，證券交易委員會強調國會已授權採取
行動，代表執行相關法規確實能帶來足夠的效益。

　　法院也同意監理機關的看法。[17] 在法院看來，相關
法規之所以無須完成成本效益分析，是因為國會已經下
達指令，無論分析結果如何，都要採取行動。此外，監
理機關表示該法規的道德價值無法量化成貨幣金額，也
並非該機構本身蠻橫的推斷。法院補充：「就算有任何
人能夠計算該法規直接拯救多少生命、避免幾起暴力事

件，到頭來也毫無意義；因為這項法規的成本以美元計算，兩者後續的比較就像是拿蘋果來跟磚頭比較一樣沒有意義。」[18]

證券交易委員會表示無法估計該法規能為剛果民主共和國的人民帶來多少效益；而法院也站得住腳，判定這並非證券交易委員會本身過於武斷的見解。很有可能（雖然是基於理論上的假設），這項法規並不會帶來任何效益。整套資訊揭露制度不會影響剛果民主共和國的內戰，甚至可能造成不利的影響，讓那些誠實的礦場失去收入，同時讓已經極度貧窮的勞工失去工資；也有可能（同樣是基於主觀假設），這項規定能帶來極高的效益。但不管在理論上，或是經過審慎評估證據之後，我們還是很難擁有充足的自信來判斷效益水準。

這裡還有另一種觀點。假設許多美國人認為美國企業應負起道德義務，率先拒絕使用衝突礦產；抑或假設許多美國人認為自己應該負起道德義務，拒絕使用含有衝突礦產的產品，並且認為美國企業應該揭露產品是否含有衝突礦產的資訊，好讓美國人可以選擇是否使用這

類產品。這些道德考量又該如何計算價值？

　　證券交易委員會或許已經在嘗試一些方法去判斷民眾對於道德議題的支付意願。而關於衝突礦產的法規問題在於，知道企業是否使用衝突礦產，對於美國民眾能帶來多大的效益？美國民眾會願意花多少錢來取得這項資訊？透過調查，就能夠得到粗略的答案；企業本身可能心裡也有底。我們可以透過許多方式旁敲側擊來了解情況。首先，一般來說，美國民眾到底會不會閱讀或尋找這一類揭露後的資訊？第二，要是美國民眾得知某家企業使用衝突礦產，是否會停止購買該公司產品？

　　我們有理由懷疑，企業之所以反對這項法規，與其說擔心遵守法規會增加相關成本，不如說擔心要是民眾知道他們使用衝突礦產，可能會遭到抵制。若是如此，證券交易委員會就可以要求企業根據市場資料，預測這項法規對銷售可能造成的影響。

　　當然，如果將這項法規帶來的道德效益換算成金錢，金額或許並不高。假設一位叫做瓊安的美國人，她付了420美元購買一支未使用衝突礦產的手機，而使用

衝突礦產的同等級手機只要400美元。我們可以說，瓊安應該願意為了「不使用衝突礦產」付出至少20美元的代價，亦即承受20美元的損失。在這個案例中，其實瓊安並不是完全沒有得到效益，而是她在損益相抵後認為划得來，因此寧可選擇價格稍高的手機。和瓊安有著同樣想法的人可能會認為，要是這項法規能讓更多人少用含衝突礦產的產品，整體來說是好事。原則上，透過調查就能估算法規所帶來的福利效果。人在幫助別人的過程中，的確可以同時得到享樂效果，可說是一種溫情。這樣的利益也應該納入計算。

　　不過，最重要的事還在其他地方。倘若我們出於道德考量，認為應該揭露資訊，政府就要盡其所能，了解揭露資訊後是否真能消滅道德上的惡、或增加道德上的善，而消滅或增加的程度又各是多少。畢竟出於道德動機的資訊揭露法規，有可能到頭來成為做做樣子的表面工夫；外界還以為做了多少努力，事實上沒有任何人得到幫助。所以我們必須竭盡所能，了解自己的努力可能帶來什麼樣的影響。

第六章

幫臉書訂價

　　想知道更多資訊的時候，你可能會上網搜尋。有時候是為了資訊的工具價值，比如透過Google地圖確認A地到B地的路線；腳踝扭傷時，也可以從網路上搜尋到應變的實用資訊；又或是並非真的出於任何用途，只覺得知道某些事很有趣，像是忽然想了解流行音樂歷史。你當然完全可以這樣做。

　　我們身邊有許多資訊都是一些抽象的概念，其中部分資訊卻可能和你切身相關。比如依據某些基本事實可以推斷你的預期壽命；某些資訊可以了解你的健康風

險、未來「錢」景，甚至是個性。比起10年前，我們現在能得到的資訊更為詳盡正確，再過10年，肯定能夠知道得更多。

這章要談的內容很多，不妨開頭就先提示最大的重點：研究顯示，整體而言，臉書會讓人變得比較不開心，而且可能感到憂鬱、更為焦慮，也對生活變得更不滿意。我並不打算危言聳聽，事實上這些影響並不大。然而，它們的確存在。而與此同時，有些人明明已經停用臉書、也感受到幸福感明顯增加，**卻又非常想要重新打開臉書**。實際上他們要求要得到一大筆錢才願意放棄臉書。這是為什麼？我們雖然無法確定，但一項合理的解釋是，使用臉書的體驗，包括帶來的資訊，並不會讓人變得更快樂，但還是有它的價值。無知並不是幸福，而很多人都感受到這一點。人們需要知道自己在意的資訊，這是因為喜歡、甚至珍視一種和重要的人之間產生連結的感覺。

重要的是，我們必須強調，社群媒體的功能不僅僅是提供資訊，至少不是我在這裡反覆強調的揭露資訊的

意義。你會使用臉書，可能是為了和家人或朋友聯繫，也可能是為了改善荷包或健康。但無論如何，社群媒體的一大重點在於資訊傳遞，雖然這個概念要比我目前所談的更為廣泛。而這裡的核心問題是：社群媒體究竟多值錢？

在社群媒體上，大部分的資訊是免費的，至少表面上你無須付費；或許可以說你仍需要付出注意力或個資等等。臉書和推特這些企業是從廣告獲得收益，但有鑑於相關爭議不斷，也有人認真討論起將這些平台及其服務的商業模式改成付費使用。[1]除此之外也有些偏理論的探討，主要關注在如何評估這些平台的經濟價值。要是民眾必須付費才能使用臉書，情況會變得如何？而民眾又願意花多少錢成為用戶？

這些答案會透露出一些重要的資訊，讓我們知道社群媒體與一般資訊所擁有的價值。而回答這些問題，也有助於了解一些更基本的問題：如何計算經濟上的價值；知道某些消費決定可能只是表面工夫；了解傳統經濟指標與實際民眾福利有何差距（請見第二章）。此

外，這些答案也會進一步影響政策與法規。

行為經濟學特別感興趣的一個問題，就是「支付意願」和「願意接受金額」間可能出現的巨大落差。以臉書為例，如果我們想知道它能為我們帶來多少福利，究竟該問民眾願意為此付出多少錢，抑或該問要給他們多少錢才會願意放棄使用臉書？許多研究都探討過**稟賦效應**（endowment effect）[2]的現象，也就是被要求放棄某樣商品時所要求的價格，會遠高於他們當初獲得這些商品時支付的費用。稟賦效應目前還有爭議，至少在適用的領域、來源與程度上仍未有定論。[3]我們可能會想知道，使用社群媒體願意付出的費用，是否大於不使用社群媒體所得到的費用？如果是的話，傳統論點又能否提出說明？

另一個同樣常見、甚至是更基本的問題，則是涉及支付意願或願意接受金額的衡量與民眾福利。我在前面也提過，在經濟學中，要是談到民眾擁有某樣商品時的福利效果，往往是以民眾願意付出多少錢來使用那件商品作為衡量。當然，「願意付出多少錢」也是現實市場的衡量標準。但請回想一下，要提出這項金額，事實上

也就是做出預測：預測該商品會對自己的福利造成什麼樣的影響。這個問題乍看不難，尤其當談到自己熟悉的商品（鞋子、襯衫、肥皂）；但換做是從未使用過的商品，回答起來也就沒那麼簡單。對於一項從未擁有過的商品，哪知道能帶給自己多大的福利效果，以及可以換算成多少錢？

　　對許多人而言，臉書、推特、Instagram 等平台都是再熟悉不過的社群媒體，而且有著豐富的使用體驗。但出於某些我們馬上會討論到的原因，社群媒體用戶就是很難估算這些平台可以換算的金錢價值。只要看看民眾提出使用社群媒體願意付出的金額，就會了解在尋求資訊上，「願意付出的金額」和民眾得到的福利效果似乎並不對等；同時值得進一步研究其中的福利效果究竟是什麼。在這種時候，「願意付出的金額」只反映出部分的福利效果，還可能只反映一小部分。我們必須找出反映效果不佳的實際原因，並且嘗試找出更能呈現福利效果的方式。而我在這裡的目標，就是希望推進這項任務的進展。

超稟賦效應

2018年4月，我對於估價問題展開探索性實驗，得到一些初步的答案。我使用亞馬遜土耳其機器人詢問449位不同地區背景的臉書用戶：你認為使用臉書值多少錢？[4]說得更具體一點，我向215位臉書用戶詢問一個簡單的問題：「如果臉書需要付費使用，你每個月最多願意付多少錢？」與此同時，我又向另外234位臉書用戶詢問另一個問題：「如果有人付你錢，要你不要再使用臉書。你覺得每個月至少要付你多少錢，你才會願意不用臉書？」

第一個問題問的是「願意付多少錢使用」，第二個問題問的則是「願意得到多少錢不使用」。依據傳統經濟理論，兩個問題應該會出現一樣的答案。然而行為經濟學家已經證明，在一些重要情境下，兩者不會一致；[5]許多實驗做出的「願意得到多少錢不使用」都約莫是「願意付多少錢使用」的兩倍。這恰恰反映出「稟賦效應」的現象：只要是自己已經擁有的東西，就不想被拿走；

即便兩樣商品完全相同，也會覺得自己擁有的東西價值比較高。[6]舉例來說，當詢問民眾願意花多少錢買一只咖啡杯或一張樂透彩券時，回答的金額遠低於願意用多少錢賣掉手上的咖啡杯或樂透彩券。[7]而我想問，「使用社群媒體」這件事也有稟賦效應嗎？程度又是多高？

調查結果顯示，對於願意每個月花多少錢使用臉書，中位數每個月只有1美元，平均數則是7.38美元。最令人訝異的是，將近一半受訪者（46％）的答案是0美元。從「願意付多少錢使用臉書」看起來，臉書的價值簡直低到谷底，許多用戶似乎認為它根本一文不值！

相較之下，當詢問民眾每個月要付他們多少錢才願意放棄臉書，中位數卻高達59美元。[8]從「願意得到多少錢不使用」的問題看起來，臉書不但有一定的價值，而且價值還不低。顯然的，臉書在這兩個問題上的落差超乎尋常，或許可以稱為**超稟賦效應**（superendowment effect），這也超越過去研究中多半觀察到的1:2的比例。（當然，像是代幣、轉售商品或價格已經固定的商品，就不太會出現稟賦效應。）[9]

　　第一次調查之後，我又做了一次規模更大的調查研究，樣本足以代表全美國。這次的調查仍然是將受訪者分為兩組，也是問同樣的兩個問題，但這一次不只問臉書，還包括各式各樣的社群媒體平台，也有部分受訪者完全不用任何社群媒體。這個探索性調查的結果與前一次大致相同，但在不同平台之間有一些有趣的差異。

　　在所有受訪者中，使用臉書願意付錢的金額中位數為5美元，平均數為16.99美元。願意得到多少錢來不使用臉書的金額則高得多，中位數與平均數分別是87.50美元與89.17美元；如果將受訪群體限縮為臉書用戶，願意付錢使用臉書的金額中位數為5美元、平均數為17.40美元，願意得到多少錢來不使用臉書的金額中位數與平均數則分別為64.00美元與75.16美元；將群體限縮為不使用臉書的人，願意付錢使用臉書的金額中位數為4美元、平均數為16.70美元，願意得到多少錢來不使用臉書的金額則高得驚人：中位數為98.50美元、平均數為98.90美元。（不用臉書的人回答的平均數反而相對較高，實在有點神祕。）

至於其他社群媒體平台得到的模式也大致相似。為求簡化，以下只列出實際用戶的數字：

平台	願意付錢使用金額的中位數	願意付錢使用金額的平均數	願意得到多少錢不使用的中位數	願意得到多少錢不使用的平均數
Instagram	$5	$21.67	$100	$102.60
LinkedIn	$8	$25.71	$99	$97.80
Pinterest	$5	$20.97	$100	$102.92
Reddit	$10	$27.73	$99	$97.73
Snapchat	$5	$24.92	$100	$106.20
推特	$5	$19.94	$100	$104.18
WhatsApp	$10	$34.90	$100	$101.16
YouTube	$5	$17.27	$88	$90.78

針對所有調查的媒體平台，得到的答案模式驚人相似。最重要的結果在於「願意付錢使用的金額」都遠低於「願意得到多少錢不使用的金額」，有時比例更拉開到1:20（中位數）。就我所知，還沒有其他領域的比例會差距這麼大。

差異如此之大，還會再引出另一項問題，後面很快

也會談到。作為參考，在此稍微提及其他調查也觀察到這兩種金額差距甚大的幾種情境。[10]一項研究發現，相較於保護公園樹木願意支付的價格，當樹木遭到傷害，受訪者認為應求償金額高達5倍。[11]對於一塊可能遭破壞的野鴨棲地，獵人受訪者平均願意支付247美元的保育費，但認為遭到破壞時的求償金額不該低於1044美元。[12]在另一項研究中，針對空汙造成的能見度惡化，受訪者認為應求償金額比他們願意付出以避免同等惡化的金額高出5倍到16倍。[13]其中的落差雖然還不及社群媒體領域，卻也大得超乎尋常。

只是在殺時間

我們很快會回來談環境領域的問題。但先繼續說社群媒體調查，其中最明顯的謎團在於：「願意付費使用」的金額中位數為何那麼低（甚至很多人表示一毛也不願意出）？不難想見，至少在調查研究中，許多數位商品願意付費使用的金額可能同樣也很低。這是個謎。觀察

民眾的實際行為，社群媒體應該對用戶具有一定的價值，畢竟用戶往往每週耗上好幾個小時在社群媒體上，難道這些時間也都沒有價值嗎？而居然那麼多用戶覺得臉書只值0美元或接近0美元，這說得通嗎？

　　一種可能性在於，在這些人看來，自己雖然常用臉書，但仔細想想實在沒什麼用、也沒有多少價值。人們使用臉書可能只是殺時間，就是一種習慣、一種癮頭；但內心還是覺得或許將時間拿來做其他事會更好。如此說來，也就不難理解為什麼會出現這種所謂的「**殺時間商品**」（wasting time goods）：民眾雖然會選購使用，卻認為沒有價值；被問到肯花多少錢換取繼續使用的權利時，只願意出很低的價格，甚至一毛也不想出。

　　在我看來，這種殺時間商品不僅真實存在，也非常重要，而且尚未得到足夠的研究。對於部分用戶來說，社群媒體很可能就是這種商品。但我認為，光憑這些因素，還是無法充分解釋為什麼願意付費使用的金額如此之低。願意付費使用金額的低價值，也可能是民眾回答時出於鬧彆扭的心理，或是並不樂於被問到這個問題，

因此根本無法可靠的反映出臉書、推特或YouTube能帶給民眾多少福利。簡單來說，過去大家都習慣免費了，現在聽到使用這些平台得付月費，自然會心生反感。聲稱一毛都不想付，或是只願意勉強付一點錢的受訪者，其實想表達的是：「想開始跟我收錢？想得美！」相對於過去的參考價0元，突然收費（幅度再小也是漲價）不僅讓人覺得不公，也是現況的一種損失。[14]

至於提出極低金額的受訪者（例如每個月只願意付5美元），理由可能也差不多；過去都免費，現在卻突然要收費，就用這個答案來表達不滿。所以我們可以合理判斷，願意付費使用的金額中位數並無法充分反映出社群媒體平台帶來的福利效果。

根據這個觀點，讓我們再次回頭討論環境研究得出的結果。不難想像，如果調查民眾願意為了乾淨的水或空氣付出多少錢，得出的結果也會低到難以想像；因為過去可以無償享用，現在居然得收費。毫無疑問，損失規避也扮演一定的角色。只是被要求支付高於參考價格（在本案例中為0元）的費用，民眾心中就會反彈，他們

也許認為這樣的改變不公平，於是給出賭氣的答案。這樣一來，這些調查結果能不能用來預測真實市場裡的真實行為，值得畫上一個問號。受訪者可能在接受調查時給出一個極低的金額、甚至不想付錢；但等到真的需要支付時，他們願意支付的價錢其實高得多。而又過了一段時間、或是逐漸習慣之後，民眾或許就會放下當初的不滿。但當然，究竟會不會出現這樣的改變、又會改變多少，要等實證才能證明了。

另一方面，在前面提到的幾項環境研究中，真正讓人想不通的是願意得到多少錢而不使用的金額為何那麼高？一般來說，或許不能直接認定這個數字代表福利效果，因為在這種環境背景下呈現的高價金額，可能反映的是**道德上的憤怒**（願意付費使用的金額是「0元」也是類似的道理）。就環境商品（乾淨的空氣、安全的飲用水、瀕危物種）而言，願意得到多少錢不使用的問題肯定會引發道德憂慮，讓人給出義憤的答案。在某些人眼中，光是為了錢，就讓瀕臨滅絕的物種數量變得更少，或是讓空氣品質變得更糟，都是道德上不能允許的事，

這樣的金錢交易是種禁忌。

除了在攸關道德的議題上可能聽到義憤的回答，當問到要多少錢才肯放棄他們原本就享有的權利（例如休假），也可能聽到出於義憤的回應。有些人認為：「想叫我放棄休假？門都沒有！」[15]有時候，當我們發現「有人」想拿錢要我們不准做原本早已計畫好的事（包括使用社群媒體），就會變得非常不悅；而這種心情就會在「願意得到多少錢不使用」這個問題反映出極高的金額。

這裡同樣存在一個問題：受訪者在調查時的答案，究竟多大的程度上能夠反映他們實際的行為？在問卷調查這種假設的情境裡，拒絕金錢誘惑說起來很容易；但回到現實，錢就在眼前，又是另一回事。不過，即便身處真實的市場情境下，還是可能有人會展現道德關懷、甚至捨我其誰的態度。[16]

還有一種論點，談的是機會成本。至少對很多人來說，願意付費使用的金額等於是要他們思考機會成本：被問到願意為某件事付多少錢，也就是要思考這筆錢原來可以拿來做什麼；而願意得到多少錢不使用的問題則

是另一回事。當受訪者表示要一大筆錢才願意放棄原本
擁有的好東西（如咖啡杯、樂透彩券），他們心裡想的
不一定是要用這筆錢來做什麼。[17]因此我們有理由懷疑，
即使受訪者回答願意得到多少錢不使用的金額中位數很
高，又是否真的能夠代表社群媒體平台所帶來的福利效
果。

福利

　　從以上討論可以知道，對於原本免費提供的數位
產品，很難透過「願意付多少錢使用」和「願意得到多
少錢不使用」的調查結果來呈現這些產品的福利效果。
「願意付多少錢使用」的答案很可能是在賭氣；而「願意
得到多少錢不使用」的答案則可能出於義憤填膺。

　　當然，來到實際市場，我們可以想像會出現不同的
結果。例如《紐約時報》（*New York Times*）和《華盛頓
郵報》（*Washington Post*）在內的一些媒體已經轉成付費
訂閱，而非（像先前那樣）提供免費內容。調查發現，

民眾聲稱願意付費使用的金額，可能遠低於我們實際看到願意得到多少錢不使用的金額。對於訂閱者而言，原本能夠免費取得的服務改成付費訂閱制後，起初感到不滿，受訪時也賭氣般回答很低的付費金額；但隨著實際估計福利效果，情緒也會慢慢回復，同時真正去判斷這項產品對自己的價值。前面也提過，我們現在還不知道，調查得到願意付費使用金額或願意得到多少錢不使用的金額，究竟是從什麼時候開始和觀察到的實際行為出現差異，以及那樣的差異會變得多大。

一項更詳細的研究中，布林優夫森等人（Erik Brynjolfsson et al.）為了計算「使用臉書」的價值，於是讓消費者二擇一：（a）繼續使用臉書；（b）得到一筆錢，停用臉書一個月。[18]這種「**離散選擇實驗法**」（discrete choice experiment）會請受試者從兩個選項中挑出較重視的選項，以避免「願意付多少錢使用」和「願意得到多少錢不使用」兩個問題所呈現的心理扭曲現象。[19]但畢竟要問的就是目前擁有或未擁有該調查商品的人，所以仍然無法避免稟賦效應的影響。

　　布林優夫森等人使用的也是具有全國代表性的大型樣本，對象僅限於臉書用戶。「得到一筆錢，停用臉書一個月」得到的中位數金額落在約40至50美元（明顯高於我從調查中得到的願意付費使用金額，也明顯低於我從調查中得到「願意得到多少錢不使用」的金額）。布林優夫森等人也意識到研究受限於各種技術，因此並未對得出的金額著墨太多；但他們同時指出，各種數位產品，包括社群媒體，正在產生巨大的效益，能夠換算為貨幣金額，而過去傳統計算福利效果的指標，如GDP，仍未納入這一點。這項結論十分重要，也很合理，但還是應該再加上兩項條件。

　　第一，從我的調查就能發現，研究中使用不同的方法，就會得到不同的數字，要判斷何種方法較能衡量經濟價值並非易事。針對曾經免費提供的商品，調查願意付費使用的金額，結果不見得可靠，因為受試者一想到要為此付錢，就可能出現賭氣的心理；而調查願意得到多少錢不使用的商品金額會好一點，但仍然存在前述的種種問題。如果真的想要反映出福利效果，離散選擇實

驗法或許是最好的方式，只不過當受訪者是用戶時，還是可能出現稟賦效應。

更為根本的重點在於，我們需要有更好的辦法來衡量民眾從這些商品上感受到的幸福，以及這會帶來多大的影響，[20] 布林優夫森等人的研究有個冠冕堂皇的名稱：「**運用大型線上選擇實驗測量幸福的變化**」（Using Massive Online Choice Experiments to Measure Changes in Well-Being），但他們測量到的絕對不是幸福程度，頂多只是對幸福程度的**預測**罷了。[21]

假設民眾願意每個月付出5美元，換取使用臉書的權利；又或是願意每個月得到100美元，放棄使用臉書的權利。透過離散選擇實驗，得到的中位數是50美元。但到頭來，臉書究竟將如何實際影響他們的生活體驗？他們感受到的幸福是變多、變少、還是都一樣？這些才是更重要的問題。不管是調查願意付多少錢使用、願意得到多少錢不使用，或離散選擇實驗得到的結果，只不過是反映出民眾對福利效果的預測，然後再換算成貨幣金額。但必須再次強調：真正重要的，是實際上的效果。[22]

花錢買傷心

　　還有另一群以紐約大學的經濟學家奧科特（Hunt Allcott）為首的經濟學者，也著重於探討實際上的效果。他們發現，停用臉書似乎能提升人們的幸福感（而且顯著減少政治上的極端對立）。[23]但我們在後面也會提到，這裡明顯產生令人困惑的矛盾。

　　2018年11月，奧科特研究團隊調查2884位臉書用戶，詢問他們要收多少錢才願意停用臉書4週，時間剛好到美國期中選舉結束後。為了有效控制實驗過程，他們最後挑選出其中約60％的用戶，只需要不到102美元，他們就願意停用臉書4週。團隊再將這些人分成兩組，實驗組會收到錢、停用帳戶；對照組則是一切如常。之後再詢問兩組人一系列的問題，研究停用臉書對他們的生活造成什麼樣的影響。

　　驚人的發現是，儘管只過了短短4週，停用臉書的人似乎變得更享受他們的生活。受訪時，他們表現出的憂鬱與焦慮顯著減少，快樂與生活滿意度則有顯著改

善。為什麼會出現這些變化？原因之一或許在於，停用臉書會帶來一份大禮：平均每天多出60分鐘。停用臉書之後，這些人會將多出的時間拿來陪伴親友，或只是看電視。有趣的是，他們並不會將多出的時間花在網路上（也就是說，可能和一些人預期的不同，他們並不會因此改用其他社群媒體平台來取代臉書，如Instagram）。

停用臉書，會讓人降低對政治的關注。實驗組成員比較容易答錯近期的新聞事件，也比較不會關注最新的政治消息。可能是這個原因，停用臉書會大幅降低政治上的極端對立。談到政治議題，實驗組在民主黨和共和黨的政黨立場上的分歧，大幅小於對照組。（並不是因為成員不同。兩組成員是隨機分配，也都願意為了適當的金額停用臉書。）可以合理推斷，所有人都會從臉書上得到政治消息，但能夠看到哪些內容，卻會因為個人的政治立場傾向而有所受限，這也造成對立的情況變得更嚴重。

談到這裡，我們應該可以合理認定，停用臉書的確會提升人們的幸福感。然而，這又出現一個嚴重的問

題：停用臉書一個月後，受訪者被問到要多少錢才願意
再停用一個月時，中位數仍然相當高：87美元。臉書在
美國擁有1.72億用戶。既然讓用戶停用臉書一個月的中
位數來到87美元，理論上只要運用簡單的乘法，就會發
現臉書每個月都為美國人帶來極高的幸福感。假設每一
個用戶每個月都得到相當於87美元的福利效果，每年的
總額可是高達數千億美元。

　　計算之後，奧科特團隊做出一個強而有力的結論：
臉書製造「龐大的消費者剩餘（consumer surplus）」，
使用者完全無須付費（至少實際上不需要支付金錢），
就得到數千億美元的福利效果。但似乎不能真的這麼計
算。還記得嗎？那些停用臉書的人聲稱自己在很多方面
都過得更好：更快樂、對生活更滿意，焦慮和憂鬱的情
況也有所改善。所以，這裡出現一個巨大矛盾：臉書用
戶居然願意每個月放棄一筆相當的金額，只為了讓自己
更痛苦！

矛盾

　　要解決這個矛盾，可以先考慮兩種可能性：第一種可能性是，真正重要的是民眾的實際體驗，因此當受試者表示要得到87美元才願意停用臉書一個月的時候，其實是他們在判斷時犯下的大錯。這個金額可能反映出簡單的日常習慣（或許民眾只是「習慣」用臉書）、可能反映出普遍的社會規範，甚至只是反映出一種成癮症；第二種可能性是，受試者口中的87美元並不是犯錯，反而是傳達出真正重要的資訊，讓我們知道民眾究竟在意什麼。

錯誤的預測

　　讓我們先談談第一種可能性。使用社群媒體平台的人，或許並沒發現自己在過程中感覺悲傷或焦慮，也就是說他們缺乏關於這個面向的資訊。民眾想上網，或許是因為這是他們所屬社交團體的常態，又或是早已成為習慣。所有癮頭的問題都是如此：重點或許在於「不上

網很痛苦」，而非「上網很開心」，直到他們能夠克服習慣或抑制癮頭，就能過得更好。而他們要求要得到87美元才肯再次停用臉書一個月，其實是做了一個錯誤的判斷。

令人想不通的是：經過不使用臉書而變得愉快的一個月後，為什麼人們要求的金額還是這麼高？答案可能是：他們做錯了預測。我們在前面提過，我們購買商品或服務時，通常會預測帶來的福利效果。要是對商品很熟悉、或是曾體驗過服務，相對容易做出預測。但我們知道，光是如此還不足以做好預測，**還要想清楚把這筆錢放在其他用途的福利效果**。這些問題就複雜了。

在某種意義上，這就如同經濟學家弗里德里希‧海耶克（Friedrich Hayek）所言，做選擇的人像一名社會（主義）計畫者，正面臨一道嚴肅的知識論難題（epistemic problem）。假設計畫者打算決定商品（鞋子、襪子、鋼筆、手機、汽車等等）的價格或數量。在海耶克看來，問題在於市場反映出太多人的判斷和品味，也就是極大量分散的知識；計畫者難以盡數取得這些知

識，也就難以訂出價格或數量。而從某方面來說，每個人要獨力做選擇的情況都很類似。在第一個時間點，我們對於第二、三、四、五、六個時間點可能的體驗或許還知道得太少。因此，我們對於自己要為這項商品決定付出多少錢，或許還缺少一些重要的基本資訊；甚至連未來的自己會是什麼樣子、會喜歡什麼，也知道得不夠。而當人們因為對自己所知不足而出現重大的改變，情況就會格外嚴重。

　　我一直強調，知識論難題之於某些選擇來說其實很簡單、之於某些選擇來說則很困難。舉例而言，如果只是要選擇香草冰淇淋或巧克力冰淇淋，民眾很清楚自己的喜好，或了解哪一種更能提升自己的福利。因此，假設將冰淇淋換算為等值的金錢，民眾也約略了解這些錢還有什麼替代用途；就算想不到，利害關係也沒那麼嚴重。但是其他選擇就顯得更困難了，畢竟我們缺乏相關的體驗。例如去百慕達群島度假，這是怎樣的體驗？去看《蒙娜麗莎》畫像？去洛杉磯最棒的餐廳用餐？忍受耳鳴或慢性支氣管炎？罹患心臟病？失去一個孩子？要

做這樣的預測，困難到讓人想了就怕。然而，要想提出一個願意付多少錢使用的金額，其實需要做出這樣的預測，預測多少錢才足以解決相關的風險。

　　回到社群媒體平台，或許要民眾做出預測並不是問題。用戶擁有相關經驗，這些平台是他們生活的一部分。如此說來，民眾提出「願意付出多少錢使用」或「願意得到多少錢不使用」的金額還是可信的，只需要先排除一些賭氣或義憤填膺的答案，而且離散選擇實驗應該也是重要的參考。即便如此，我們還是應該將福利視為最重要的事；但若想透過金錢衡量，不論過程是如何換算出某個金額，實在都不太可能真正傳達「福利」完整的內涵。要是民眾上社群媒體只是為了遵從某種社會規範、又或者只是出於某種成癮，這時民眾回答的金額與他們實際得到的福利效果可能根本是兩回事。就算民眾表示願意付費使用社群媒體，社群媒體可能讓人的生活變得更糟。

民眾重視什麼？

這些基礎數據又指出另一項同樣重要的可能性：我們透過調查訪談個人的福利，包括焦慮與憂鬱時，得出的答案就是無法呈現出民眾真正關心的一切。舉例來說，奧科特團隊的研究顯示，臉書用戶比較了解政治議題。明明關注政治可能會變得更焦慮、憂鬱，很多人還是繼續關注政治。他們不是為了讓自己更快樂，而是出於好奇、覺得這是公民應盡的義務。同樣的，臉書用戶也可能是為了想知道朋友們都在做什麼、想什麼，不論這會不會讓自己變得更開心，而是覺得知道總比不知道來得好。

這是很重要的一點。我們之前談過，民眾之所以追求資訊，往往不是為了追求享樂效應，舉例來說，回想資訊的工具價值，雖然有些攸關健康的資訊會讓人一時難受，卻可能會使人因此變得更健康，所以我們還是想要得到這些資訊。毫無疑問，許多社群媒體用戶也是為了類似的工具價值，明知道會感到焦慮或悲傷也在所

不惜。然而，動機肯定不僅於此。還有許多人根本不在乎實用與否，只是單純想知道家人、朋友或世界上發生的事。他們想要的是一個他們覺得完整、或說充實的人生。而這種時候，就算那些資訊沒有工具價值、甚至可能損及享樂價值，卻仍然值得擁有。

我們似乎已經可以回答「社群媒體平台對福利的影響」這個困難的問題。[24]除了奧科特團隊的研究結果，結論可說既複雜又不一致。使用臉書與其他社群媒體平台，很可能對不同個性、不同地域背景的人造成不同的影響；[25]而且肯定會對所謂福利的各種**成分**造成不同的影響。[26]此外，每個人在臉書上的體驗也各不相同，不同的使用目的、不同的使用方法，當然會對使用者的福利帶來不同作用。我們還需要對這些問題了解更多。但如果要回答目前的問題，最重要的一點在於：許多社群媒體用戶之所以想要這些資訊，並不是因為享樂效果，而是因為覺得有用、喜歡和其他人建立聯繫、能夠知道別人的生活和想法，就是這麼簡單。

第七章

淤泥效應

　　政府究竟想要什麼資訊？又應該得到哪些資訊？政府取得資訊的手段該有何限制？這些問題與強制揭露資訊的影響關係甚遠，但其實可說是一體兩面。本章會帶出何謂「資訊超載」，也會指出強制揭露資訊可能造成極高的代價。而且在大多數情況下，政府根本已經要求得到太多的資訊，讓民眾白白感受挫折、屈辱，賠上許多時間和金錢，有時甚至是健康。

　　美國在1979年頒布的「文書作業精簡法案」（Paperwork Reduction Act, PRA）曾提出初步架構。[1]這是

一項減少管制的法規,設計的目的是將美國人需要面對的文書作業降到最低,讓所得資訊帶來的相關利益達到最大。法案中的主要條款寫道:

關於資訊蒐集與文書作業的管控,(管理預算局)主任應:

(1)審查與批准提案機關蒐集資訊;

(2)針對資訊與管制事務處、聯邦採購政策處就聯邦政府採購、收購相關資訊蒐集的審查,進行居中協調,特別著重於應用資訊科技,以提升聯邦採購、收購、支付的效率與效能,並減輕資訊蒐集對公眾造成的負擔;

(3)盡量降低聯邦資訊蒐集造成的負擔,特別著重於遭受最不利影響的個人與實體;

(4)針對聯邦政府所執行、或為聯邦政府所執行的資訊蒐集,盡量提高所得資訊的實際效用與公共利益;

（5）訂定並監督各項標準與指導方針，供各機關據
　　以評估遵照提案進行資訊蒐集的負擔。[2]

　　從我們目前討論的重點來看，其中最重要的規定是
第三條與第四條。第三條中的**「盡量降低」**，意思是文
書作業的負擔不應超越推動該機關目標所必須。這裡的
重點在於成本效益（cost-effectiveness）；如果不同的辦法
都能夠推動該目標，就應該選擇負擔較低的辦法。而條
文中既然提到**「盡量降低」**、又說要**「盡量提高所得資
訊的實際效用與公共利益」**，可以想像這套「文書作業
精簡法案」其實也是針對成本效益測試的建議：**付出文
書作業的成本，就要帶來合理的效益**。然而，直到目前
為止，我們仍未看到系統性的研究去調查哪些文書作業
通過這項測試；對於各種專斷蒐集資料的行為，也沒有
機會進行司法審查。當機關單位並無正當理由即任意向
人民強加繁重的資訊蒐集工作時，顯然可以進行司法審
查，判斷該機關的做法是否合乎情理，但目前人民並未
獲得法院協助。

　　這一切會造成嚴重的問題。一般來說，談到放鬆對人民的管制，最先想到的並不是刪減文書作業流程。不過，有鑑於繁雜的文書作業會嚴重影響人民的福利，的確該列為優先考量。

　　還有另外一點。近年來談到施加各項監理法規，行為科學已經成為重要的參考因素，不只是學界提出多項基於行為科學的呼籲，許多領域也紛紛推出實際方案，大多能透過低廉的成本取得極高的效益。可是針對文書作業的負擔，卻還沒有出現**基於行為科學進而放鬆監理**的相關研究。當然，就算是那些全然理性、不受行為偏誤影響的人，文書作業也已經造成一定的負擔；因此我們會看到，一旦加上各種行為偏誤，這類負擔會變得格外沉重，甚至可能造成難以彌補的傷害。

　　「文書作業精簡法案」要求管理預算局提出年度報告，稱為「美國政府資訊蒐集年度預算」（Information Collection Budget of the United States Government），[3]報告中量化呈現美國政府每年對公民提出的文書作業要求。最新一期官方報告指出，2015年，美國民眾在聯邦文書

作業上總共花費97.8億個小時；[4]到了2019年初，仍在計算的官方數字就已經來到驚人的113億個小時。[5]儘管這個數字幾乎肯定比2015年的統計數字更接近真實情況，但由於尚未受到嚴謹的內外審查，我還是先以97.8億個小時來做討論。

這個數字很值得我們先短暫分個心談一下。假設我們找來芝加哥所有居民，堅持在接下來一年內，每個人都要一週工作五天、一天工作八小時，而且只做一件事：填寫各種聯邦表格。到了年底，芝加哥270萬公民所累積的文書作業時數，還比全美的文書作業時數少了超過40億個小時。

97.8億個小時的背後代表極大的損失。資訊與管制事務處從未真正將這些時數換算成等值的貨幣金額；但他們曾在2010年針對民眾進行意見調查，詢問是否該這麼做、又可以怎麼做。[6]假設將時薪訂為20美元（稍低於政府提出的官方標準），[7]97.8億個小時就相當於1956億美元，相當於美國國務院或交通部預算的兩倍以上、約教育部預算三倍，或是能源部預算的八倍。但光是從

貨幣金額多寡來看，會大大低估這個問題。種種行政負擔可能讓民眾難以享有基本權利（例如投票權、言論自由），無法取得各種牌照或許可，無法取得足以改變生活的福利，又或是只能等著被這些重擔壓垮。[8]談到墮胎權，行政負擔可能就是壓垮駱駝的最後一根稻草；行政負擔也會讓民眾難以取得勞動所得稅收抵免，而那正是美國最能有效脫貧的方案之一。簡言之，文書作業負擔會對廣大民眾的生活造成巨大的負面影響。

美國經濟學家理查‧塞勒（Richard H. Thaler）對這類負擔創造出一個好用的詞：**淤泥效應**（sludge）[9]，意指民眾想要往某個方向前進時，可能會遇到大大小小的阻撓。[10]無論是公私部門機構，都可能為了自身或他人的利益，加劇淤泥效應的現象。在私部門，有些企業會利用淤泥效應來增加利潤。舉例來說，讀者不想續訂某本雜誌、但想要取消訂閱時，得先掙扎越過行政上的重重關卡。

在公部門，淤泥效應有時並非刻意，有時則是政治上的選擇。民眾或許想讓孩子獲得某些補助（如免費通勤補助或免費營養午餐），卻因陷入淤泥效應而難

以實現；學生想要取得大學助學金，必須填寫聯邦學生補助免費申請（Free Application for Federal Student Aid, FAFSA），[11]申請過程漫長又複雜，而且需要年輕學子提供一些可能根本不在他們手上的資訊（例如父母報稅單上的一些資訊）。[12]許多學生因此放棄申請。此外，投票是人民的基本權利，但許多美國人要投票卻得經過如大片淤泥般的登記過程，這也讓數百萬人失去投票權利。[13]設法縮減這片淤泥的提案將是新一代的「投票權法案」（Voting Rights Act）。

　　大量證據顯示，減輕行政負擔可以大大改善人民的生活。例如美國的全球入境計畫（Global Entry program），減少在機場等待安檢的時間、麻煩與壓力，受惠民眾多達數百萬人次；針對學生的免費營養午餐，美國農業部也推出直接核可計畫，不再需要家長大費周章為孩子申請資格，[14]只要學區判斷符合資格，即可自動將學生加入名單。近年受惠於該計畫的兒童人數已經超過1500萬。

　　簡化FAFSA的申請流程，能夠大幅提升低收入族群申請援助、進入大學的機會。許多州目前也採用自動選

225

民登記，當符合投票條件的公民和州立機關有任何互動（如取得駕照），就會自動登記為選民。奧勒岡州開啟自動選民登記制度之後，新選民的人數不到一年就增加25萬人，其中實際會出門投票的選民更多達近10萬人。[15]私部門能夠做的努力就更多了，比如協助勞工選擇不同的健保方案，提供消費者及員工更為便利的陳情管道，以及協助民眾避免重大風險。

淤泥效應會造成傷害

淤泥效應讓人民難以享受或行使憲法權利。例如各種牌照制度就是一種最明顯的淤泥效應，不僅影響人民的言論自由，也往往因此被判違反美國憲法；醫療上，當醫病關係陷入淤泥效應時，就可能造成患者失去生命。[16]例如急診室醫師受到不必要的限制，難以開立讓病人克服鴉片毒癮的藥物。[17]假使我們能透過民間的努力與法律修訂來減少這種行政負擔，就能拯救更多寶貴的生命。

要了解淤泥效應之所以影響公眾社會深遠，先讓我們假設人是完全理性，而且會審慎計算成本與效益，再決定是否值得花力氣克服種種行政負擔。就算能夠得到極高的效益，也可能因為成本更驚人，而變得不值得投入努力。成本可能體現在各種不同的形式上。[18]就連要取得**資訊**，也可能困難重重、成本沉重。一方面可能來自**時間成本**，很多人忙到只能放棄；另一方面可能是**心理成本**，也就是要克服挫折感、汙名化或羞恥感。諸如這些因素，都會讓人難以克服淤泥效應。有時相關的文書作業繁複至極，民眾根本不可能填完所有表格。也難怪美國那麼多聯邦計畫與州計畫的接受度極低，[19]而民眾在申請各項許可與牌照上也如此困難。我們甚至可以說，淤泥效應是一種對自由的阻礙，是民眾難以前往夢想之地的阻礙。

理想和現實的差距

行為經濟學家指出的各種人類偏誤（human biases），

都會放大行政程序對於現實世界造成的負擔。像是在許多人眼中，惰性往往是難以克服的關卡，[20]拖延的情況再常見不過。[21]出於惰性和拖延，人們看起來似乎永遠無法完成必要的文書作業；而現時偏誤又會讓情況雪上加霜。[22]很多時候，「未來」像是一個我們不確定是否該造訪的異邦；很多時候，我們總想讓行政程序再拖到明天處理。結果就是，即便拖延可能造成嚴重的後果，我們還是一天拖過一天。

例如各種需要郵寄表格的申請程序，就會形成一種淤泥效應。大多數情況下，寄出表格能讓人得到一筆不小的收益（在美國往往是透過支票的形式支付），但過程得先克服惰性。為了說明行為偏誤與淤泥效應的關係，讓我們舉一項研究為例，這項研究的名稱精準而有趣：**人人都相信救贖**（Everyone Believes in Redemption）。[23]在不同的市場中，各項優惠的申請使用率（redemption rate）通常只在10％到40％之間，也就是絕大多數顧客會忘記申請，或根本懶得申請。有鑑於惰性的威力，這或許並不令人驚訝。真正教人意外的是，民眾對於自己會去郵寄表格

申請相關優惠的可能性，卻樂觀到完全不切實際。在相關研究中，認為自己會在限定的30天內完成申請的民眾約占80％；實際申請率卻只有31％。這也意味著，所謂每個人都相信「救贖」只是誇大其辭的說法，儘管他們的確深信不疑。

　　在同一項研究中，研究團隊以三組不同的受試者嘗試三種不同的方法，希望減少預測申請率與實際申請率之間巨大的落差。第一組：明確告知受試者，過去類似群體中的申請率不到三分之一；第二組：明確提醒受試者兩次，一次是購買後不久，另一次是申請期限將屆時；第三組：大幅簡化申請程序，不再要求必須列印並簽署認證頁紙本。

　　實驗結果證明，三種方式都不會降低民眾樂觀的程度。三組受試者都覺得自己會寄回申請表格的可能性高達80％。但讓人比較出乎意料的是，前兩種方法都無法提升受試者的申請率。第一組受試者聽說其他群體的情形，顯然覺得「哦，但那是**其他人**的情況，和我有什麼關係？」；至於第二組，雖然「兩度提醒」通常能讓

人集中注意力、減少惰性影響，卻未能對受試者發揮作用。唯一有效的是第三組「簡化程序」的方式，能大大促使受試者採取實際行動。這也表示當郵寄申請變得更容易、淤泥效應減少之後，會顯著提升民眾採取行動的意願。申請率上升至54％左右，信念與行為的落差減少了一半。

行為偏誤

這項相關的研究當然相對較為狹隘，但意義卻很深遠。別忘了，惰性的威力十分強大，民眾之所以不去填那些該填的表格、跨不過淤泥效應，部分原因也是基於這一點。比如活動問卷如果採用「選擇加入」（opt-in）的設計，參與率通常遠低於「選擇退出」（opt-out）的設計。[24]也請記得，現時偏誤會讓惰性變得更嚴重，這會導致民眾只看眼前，忽視未來。

在這種情況下，假設聯邦法規規定個人、小型企業和新創企業必須填寫特定表格，才能取得重要的福利，

或是避免重大的處罰，這些對象很可能內心雖然想做到，可一忙起來又覺得過於繁瑣而就此擱置。如此一來都是想一套、做一套。到頭來，付出的真實成本反而會變得非常高，感受到的成本則會更高。讓我們先稍微跳到後面的結論：聯邦監理機關應該要「清理」現行的文書作業負擔，確保這些作業要求不會造成意外的後果，或是在不知不覺間帶來損失。這就是「淤泥效應稽核」（Sludge Audit）的構想。

投票權是人民的基本權利，但美國聯邦法律要求，各州應視情況寄發回函卡（return card），讓選民確認是否變更居住地，未回函的選民則視為已變更居住地，各州會將這些名單從投票名冊中除名。[25]各州認定應寄發回函卡的標準各有不同，有些州採認美國郵局（United States Postal Service）掌握的地址變更資訊；有些州採認的方法則顯然可預見會找上其實沒有搬家、按理來說仍符合資格的選民。[26]如此一來，即便是合格的選民，也可能因為並未寄回回函卡，導致四年內無法投票。[27]美國選民（包括國會和最高法院）可能一派樂觀，覺得寄回函卡又

231

不是什麼難事,但現實上就是沒那麼簡單。

　　一般來說,淤泥效應會造成許多人未能預見的嚴重影響。如同郵寄申請表的研究顯示,民眾總是對於自身克服惰性的可能性抱著不切實際的樂觀。連專家也可能沒想到,那些表面上顯然能夠降低惰性的策略,結果卻如此失敗。此外,聰明的行銷人員也會運用淤泥效應的概念進行投機操作;表面上讓消費者覺得買到賺到,但事實上早就估算清楚,消費者寄回行銷活動資料的比例很低。政府官員也可能設計出產生淤泥效應的政策,只是多半不是出於投機心理,而是要推動回應他們的政治價值觀與承諾;但此時淤泥效應可能造成始料未及的破壞。尤其當政府官員沒想到,行政上的負擔可能會對原本想協助的人造成多大的不利影響。

認知與稀有性

　　看到簡化流程對申請結果能有這麼大的影響,就會發現某些行政負擔在形式上看似平常,很大程度上卻會

影響**選擇架構**（choice architecture），進而影響結果。我也注意到，許多申請類別只需要將登記方式從「需要民眾主動登記」（選擇加入）改成「自動為民眾登記」（選擇退出），即可顯著提高參與率。

　　採用「選擇加入」的參與率會偏低，根本原因在於我們的認知資源有限。[28]我們不可避免只能注意到生活中諸多挑戰的一小部分。我們每個人的心理「頻寬」有限，當你太忙、太窮、有殘疾、年紀較長，認知資源稀少的問題又會格外嚴重。當你太忙或太窮時，眼中就只剩下生活裡的挑戰；殘疾人士也是如此。當罹患精神障礙或年紀較長時，認知能力也會嚴重受限。因此，我們必須注意行政負擔的**分配**效應：負擔落到誰的身上比較容易造成傷害？[29]

　　在實務上，答案往往是最窮的人。核心原因在於，人一窮，就只能將心力耗在眼前各種急迫待解決的問題。這種時候，假使政府還要求窮人學習使用一整套複雜的系統、填寫一頁又一頁的表格，他們很可能會放棄。儘管如此，也不只是窮人才會遇上問題。對於原本

打算照顧銀髮族的方案，淤泥效應所引發的問題也可能格外嚴重，至少在這些人的認知能力低落的情況下。

出於另一些原因，性別平等議題在此也值得特別關注。一般家庭中，大半庶務往往會落在女性頭上，像是持家、煮飯、帶小孩，假使能大幅縮減淤泥效應，將有助於減輕普遍存在的社會不平等問題，也可能改善生活中的其他面向。一項重要研究也發現，從「選擇加入」改為「選擇退出」之後，大幅提升內心有意願爭取升遷的女性比例；顯然的，男性比女性更願意站出來，因此也可以越過一些淤泥。但只要能有效「清理」淤泥，基本上可以拉近男女差距，提升性別平等。[30]

需要淤泥效應的理由

儘管我們看見以上種種狀況，但行政負擔通常有其重要的目的，而且有時不可或缺。從各項案例中，我們很容易想到五種可能需要淤泥效應的理由：（1）程序完整性；（2）取得實用資料；（3）自我控制問題；（4）

隱私與安全；以及（5）鎖定目標。

程序完整性

　　主管機關之所以施加給民眾文書作業的負擔，往往是因為想確保一切符合法律規範。有的是要確保資格符合，有的是要確保留存各項紀錄。不只是公部門，私部門也一樣。當我們要申請貸款的時候，無論是向公家或民間申請，都會面臨淤泥效應，主要原因就在於需要核實申請資格。舉例來說，民眾必須符合一定的身分資格，才能申請聯邦醫療保險、聯邦醫療補助（Medicaid）、勞動所得稅收抵免或社會安全福利金（Social Security），而淤泥效應往往就發生在蒐集必要資訊的方法上。就算是投票權，加諸在民眾身上的各種行政負擔，也是為了確保可能的選民符合現行法定資格。至於財務補助計畫中，淤泥效應造成文書負擔的理由常是要避免「詐欺、浪費與濫用」。

　　確實，目前資訊的取得與機器學習（Machine Learning, ML）愈來愈便利，公私立機構或許也可能

自行取得資訊。在私部門，有些企業已經使用**資格預審**（prequalification）的概念，亦即他們手中擁有足夠的資訊，可以提前掌握哪些人符合取得某項商品或服務的資格。如此一來，部分表格就能自動**預先填入**（prepopulate），達到減少、甚至不用人工填寫的便利性。例如報稅，已經出現「免辦結算申報」（return-free filing）的概念，納稅人完全不用填寫表格。[31]而我們遲早會看到這方面的重大進展。

然而，這些轉變目前都還在起步階段。現在與不久的將來，顯然需要保留淤泥效應的理由就在於**程序完整性**。假設美國國稅局（Internal Revenue Service）決定將「勞動所得稅收抵免」直接提供給看起來符合條件的納稅人。要是這麼做的成本很低，而且看起來符合條件的納稅人也確實符合條件，就不至於出現反對意見。但是當然，問題就在於「**看起來**」，有些得到勞動所得稅收抵免的人可能實際上條件並不符合。這就是自動為民眾登記加入方案可能出現的情況，總是有某些人其實並不符合條件。

這時,監理機關要在兩種方案設計之間做出選擇:
(1)一群條件符合的人無法得到福利;(2)一群條件不
符的人得到福利。當我們判斷程序完整性完全依據出錯
人數時,挑選(1)或(2)就只是簡單的比大小問題,
考量究竟哪一方人數較多?以「自動登記」為例,假設
這會幫助50萬名條件符合、但原本無法得到福利的人取
得福利,同時讓49萬9999名條件不符的人取得福利,
「自動登記」的好處似乎還是大於壞處。

但有可能以不同的方式看待這件事。假設自動登記
讓200,000名條件符合的人得到福利,也讓200,001名條
件不符的人得到福利。有些人可能認為,如果這200,001
人的條件幾乎符合(也就是相對貧窮),就算讓他們都
取得經濟補助,也算不上壞事;但也有人堅持,納稅人
的錢該怎麼使用應該有明確的限制,違反制度就是犯下
嚴重的錯誤。根據後者的論點,就算只是稍微破壞計畫
的完整性、讓條件不符的人得到福利,也完全不能接受。

倘若將這種論點推到更極端解釋,即使大量條件符
合的人取得福利,也無法抵消「極少數條件不符的人取

得福利」的問題。然而，站在福利主義的角度，極端的論點很難說得通，或許不可能站得住腳：當條件符合的100萬人都取得福利，就算多出5個幾乎符合條件（雖然仍不符合）的人取得福利，代價上應該還算值得。只不過在這一點上，每個人的權衡並不一致，同樣理性的人也可能有不同的想法。

讓我們把這個概念應用到其他領域。如果以自動登記的方式處理學校營養午餐，準確度似乎很高；從公開紀錄可知，僅極少數條件不符的兒童被納入。透過自動化來減輕淤泥效應的影響時，只要不讓那些條件不符的人得到福利，多半不會出現怨言。但是發生狀況時，就不得不權衡妥協，而每個人都可能做出不同的判斷。再來討論選民登記的問題。通常我們會希望利用淤泥效應來減少舞弊風險，維護投票過程的完整性。我們不妨想像，一旦使用自動登記，一方面雖然能讓許多條件符合的人有權投票，少部分條件不符的人也有權投票；而哪一方的人數較多、多出多少，肯定會是熱議焦點。

取得實用資料

公職人員可能對民眾施加各種行政負擔，包括要求民眾提供資訊，好取得相關資料運用在各種目的上，而且這或許能為大眾帶來許多好處。舉例來說，政府官員或許想知道在疫情期間接受就業培訓或補助的人，到底有沒有真正得到好處？他們接受培訓或補助後做了什麼？為了得到答案，或許就要對人民施加行政負擔。又或者，政府取得資料是為了努力減少疫情傳播、推動高速公路建設、監控危險廢棄物的管理、確保機師經過適當認證、確認飛機進行適當維修，抑或監督食品安全計畫的運作。許多被要求提供資訊的民眾，可能會抱怨掉入淤泥效應，覺得惱怒不滿。但這些負擔其實可能是為了取得重要且不可或缺資訊的一種手段。

當然，這種行政負擔有時是為了確保程序完整性。但我要強調的是另一點：程序完整性之外，政府官員也可能為了取得短期和長期利益，而去尋找或要求民眾提供資訊。舉例來說，政府會想知道各項資金補貼的使用

是否合乎預期，並要求接受補貼的人定期提出報告；政府也可能請學校機構詳細說明取得公家經費後的使用情況。重要的是，這些資訊後續可能會公開，讓公私部門都能使用。來到現代，取得資訊或許才能讓公私部門扛起應負的責任，像是節省開支、刺激創新，甚至是挽救生命；例如政府會要求公開各種職業災害死亡、疾病或傷害的報告，鼓勵民間改善工作場所安全，同時了解民眾容易受傷的場域，以利預防。

這些都是值得造成淤泥效應的重要理由，卻很容易遭到忽視。不過，我們絕不該視其為空白支票，或是鼓勵官員無所作為，形成大片的淤泥效應。每當遇上行政負擔時，我們該問的是：政府是否**確實取得有用的資訊**？當政府官員規定人民須繳交紙本，而非數位文件、不肯重複使用現有資訊、不肯為民眾提供預填表格、要求季度而非年度報告時，必須擁有相當充分的理由。而在此之際，政府往往都說不出道理來。

理論上，我們無法直接判斷淤泥效應是否為取得實用或重要資訊的合理手段。有時候，我們一看就知道

不合理；有時候，我們一看就覺得毫無疑慮；但也有時候，我們必須仔細調查，才能判斷這樣的理由是否合理。而唯一的重點在於，我們或許會發現淤泥效應也能帶來好處。

自我控制問題

各式各樣的行政負擔也可能是設計用來學習自我控制、克服魯莽與衝動等心態，好讓我們做出更好的決定。也就是說，淤泥效應可能是避免我們犯錯的方法。因為這個原因，淤泥效應似乎可以解決行為問題。就算是一些平凡無奇的決定，我們也常在網路上承受微小的行政負擔，比如詢問「是否確定」寄出主旨空白的電子郵件、使用車票、取消最近的訂單、刪除文件等等。面臨這些情況時，這些負擔可能是個好主意。

至於某些人生的重大決定，例如結婚或離婚，當公私部門施加一定程度的淤泥效應，也可能是合乎情理的安排。[32] 當此之際，「冷靜期」（cooling-off period）是件好事。[33] 如果系統1（System 1）讓人做出輕率的決定，

強迫等待一段時間會有利於系統2（System 2）發揮作用。[34] 例如或許在購買槍枝前安排一些淤泥效應，好鼓勵民眾再審慎考慮是否要購買。一項重要的研究發現，當法律規定購買槍枝前必須有一段短暫等待期時，持槍殺人的案件會減少約17％；這也意味著美國17個州防止約750起持槍殺人案。[35] 衝動購槍顯然容易造成悲劇，所以在購槍程序上安排一些淤泥效應，減低購槍衝動，也可能拯救生命。

當然，墮胎權具有高度爭議，但也因此非常耐人尋味。舉例來說，有些人認為要求孕婦必須尋求諮詢、強制等待24小時，都是希望透過合法的方式來保護胎兒、或保護女性不做出可能後悔的決定；但也有些人認為，這些負擔只是意圖阻止孕婦行使憲法上的權利。姑且不論議題內涵的深層探討，有鑑於這項決定茲事體大，實在難以聲稱相關行政負擔僅僅是為了促進反思、提供寶貴資訊。

隱私與安全

政府向人民施加行政負擔，往往是為了取得他們的背景資訊，像工作經歷、收入、犯罪紀錄（如前科）、信用評等、家族史、專業知識、興趣、居住地等等。要擔任公職的人，特別是涉及國安單位職務，也必須提供大量相關資訊。[36] 不過理論上，公私部門如果想要取得這類資訊，仍必須獲得明確的授權。如此看來，若非選擇「讓人民承受行政負擔」，就會「直接侵犯民眾的隱私」。因此，政府選擇前者似乎也不算太壞。

當然，過往政府可說別無選擇。當時因為缺乏可用的工具，無法侵犯隱私。但如今公私立機構已經有能力取得相關資訊，至少在取得資訊上不太費工夫，代表他們應該有能力減少淤泥效應的情形。美國農業部的營養午餐直接核可計畫就是這類案例；還有許多例子，因為相關單位已有資料，公私立機構可以直接公告哪些人因為合乎哪些條件而符合資格，不僅可以提供預先填寫好的表單，還能共享資訊。[37] 能夠做到這種程度，淤泥效應

可說已經走入歷史。

　這是好事嗎？那可不一定。想做到自動登記，民眾或許得讓不信任的機構蒐集大量資訊。有時必須權衡得失，要增加行政負擔？還是侵犯隱私？舉例來說，信用卡公司應該取得多少客戶資訊，才能判斷是否核卡？我們可能會希望這些公司自行蒐集資訊，蒐集完自動提供方案，或直接核可後寄出卡片就好。但究竟是否該這麼做，部分因素關乎於它們會蒐集哪些資訊、而蒐集來的資訊是否可能遭到濫用，比如流向其他機構用來營利，甚至惡意使用。如果是政府擁有或取得重要資訊，我們至少可以確保不會出現濫用的風險。

　安全問題與此密切相關。我們開立網路帳戶時，可能需要提供敏感資訊（一般來說民眾提供意願較高），例如銀行帳戶或信用卡號。這時為了避免安全上的隱患，可能會刻意安排一些行政負擔，像是要求申請人回答地址、身分證字號、母親娘家姓氏等問題。回答這類問題很繁瑣，卻也是確保安全的必須手段。當然，理想上取得相關資訊時，我們應該要大致掌握所需的成本和

可得的效益。即使難以估算，心裡也該明白有時一點點
的淤泥效應，都是為了避免事態朝最糟的情況發展。

鎖定目標

現在有愈來愈多研究「麻煩」和「困擾」的文獻，
指出行政負擔可以作為一種配給機制，確保某些商品只
會來到最需要或想要的人手上。[38]例如看一場熱門的電
影、票券搶手的演唱會，或許都要投入大把時間打電話
或排隊搶票。如果非得說出一番道理，也就是無論投入
的是時間或金錢，都能夠用來衡量民眾對商品的渴望程
度。同理可證，透過繁瑣的行政負擔，或許能夠篩選出
最適合接受工作培訓或各種計畫的人選。如果有人真的
心甘情願完成所有前置繁複事項，我們應該能合理推
測，最後端出來的培訓或計畫肯定讓他們獲益良多。

這裡的基本構想是，對於想取得稀有資源的人要加
以篩選。在市場上，可以透過支付意願的金額作為篩選
標準，前面也提過以願意支付金額來衡量需求或欲望的
做法；另一種衡量標準則是「付出時間與心力的意願」

（willingness to pay in terms of time and effort）。由於願意支付金額會受到自身財力影響，使用願意支付金額作為標準，可能對貧窮族群造成歧視；「付出時間與心力的意願」就沒有這種問題。畢竟「缺錢」和「缺時間」兩件事不見得相關。同樣是有錢人，有人忙得團團轉，也有人閒得發慌；同樣是窮人，有人總是瞎忙，也有人一派輕鬆。然而，要說「願意支付金額」歧視窮人、而「付出時間與心力的意願」沒有歧視問題，也是把事情想得太簡單。就像我們也可以說「付出時間與心力的意願」歧視「沒有時間」的人。

儘管如此，政府還是可能將「付出時間與心力的意願」視為一種**鎖定目標**的方式，確保商品交給真正需要與想要的人手中。可是要注意，當民眾願意付錢委託其他人處理相關事宜時（例如請人協助報稅），就可能抹除「願意支付金額」與「付出時間與心力的意願」之間的差異。

但問題在於，透過淤泥效應來鎖定目標的效果往往差強人意。想讓真正需要幫助的人得到補助，只是將申

請表設計得極其複雜、難以理解，絕不是好辦法。假使我們希望所有符合申請勞動所得稅收抵免資格的民眾都能得到補助，應該會有比淤泥效應更好的方式。要造成民眾的困擾，必須有充分的理由；而且，淤泥效應肯定會造成困擾，卻不一定能鎖定目標。實際情況說不定還會更糟。政府有時不僅會造成申請者的困擾，還會設下重重限制，只是為了篩選出確實擁有高需求的民眾。但在鎖定目標上，這種做法則有悖常理，因此我也順道帶出我的重點：**對於各種文書作業負擔，必須考量所帶來的分配效應**（distributive effect）。要是這種做法反而特別不利於最弱勢的成員，就會是嚴重的問題。

縮減淤泥效應

回到本章開頭提到的數字：97.8億個小時。在我們反覆討論的聯邦文書作業計畫中，這個數字值得認真以對。同時也要注意，各機關之間存在明顯的差異，比起整體數字，這樣的差異展現出更全面的樣貌，表7.1就凸顯出這

表7.1 2015財政年度各機關組織文書作業負擔時數

機關組織	負擔時數 （單位：100萬小時）
財政部／國稅局（IRS）	7,357.22
衛生與公眾服務部（HHS）	695.88
證券交易委員會（SEC）	224.89
交通部（DOT）	214.21
國土安全部（DHS）	203.39
環境保護署（EPA）	156.89
勞工部（DOL）	144.71
聯邦貿易委員會（FTC）	135.37
農業部（USDA）	127.55
教育部（ED）	90.84

個現象。[39]

　　從這些數字可以看出淤泥效應最嚴重的單位，也能知道從哪裡下手最能縮減淤泥效應。美國財政部，尤其是國稅局，可說是生產淤泥的奧運金牌得主；排名最低的是教育部，但也造成大學、中學與學生每年9000萬個小時的文書作業負擔。當然，我們光從數字無法判斷當

中哪些負擔才是必要的。或許農業部做得到、並且應該縮減20％的淤泥；或許衛生與公眾服務部也做得到、並且應該縮減10％的淤泥。我們該做些什麼，才能了解狀況、提供協助？

　　這是個重要的問題，而且就算在諸多政治議題上意見不同，這一點應該能達成共識。即使在氣候變遷、富人稅率與移民等議題上水火不容，也不會影響對縮減淤泥效應的態度。當然，有些議題（如墮胎）會為了維護基本價值觀而刻意引進行政負擔，這時會爆發意識型態的分歧。但即便避開這些分歧，也還是存在許多方法能夠縮減淤泥效應。

資訊與管制事務處

　　資訊與管制事務處（OIRA）負責監督「文書作業精簡法案」的執行，其實大有可為。我曾在歐巴馬政府擔任資訊與管制事務處主任，很清楚只要有意願，就能在縮減淤泥效應上發揮極大的作用。

　　無時無刻，資訊與管制事務處都在努力減輕文書作業負擔。有時展現強硬的態度，有時釋放訊號，讓聯邦機關了解各項資訊蒐集要求是否將受到嚴格審視。資訊與管制事務處會逐一檢視各機關的資料蒐集要求，一方面針對各機關來決定是否縮減每年新增的文書作業負擔，[40]也採用較系統化的方式來處理。每隔一段時間，會要求各機關設法縮減淤泥效應；[41]透過提出所謂**「資料需求」**（data call）方式，要求各機關提供資訊蒐集的相關資訊，與此同時訂出各種要求。資訊與管制事務處可以公布具約束力的指導文件，要求大幅減輕文書作業負擔；[42]也可以與白宮其他事務處或總統本人合作，製作總統備忘錄或行政命令。倘若由總統出面要求機關減少淤泥效應，效果當然不同凡響。

　　事實上，以上種種事項，資訊與管制事務處都做到了。舉例來說，我在2012年擔任主任時，就指示聯邦機關努力降低文書作業負擔，[43]包括讓文書作業負擔在「數量上顯著減少」，也提出一些相對積極的要求：

對於現在會造成高文書作業負擔的機關（依定義，包括財政部、衛生與公眾服務部、證券交易委員會、交通部、環境保護署、國土安全部、勞工部、農業部），應嘗試找出一項或多項計畫，使年度負擔減少200萬小時以上。至於全體機關，也都應該嘗試找出一項或多項計畫，使年度負擔減少至少5萬小時。[44]

在行政部門，程序工具的選擇會大幅影響成效。例如「總統令」（presidential directive）是最強力的聲明，當聯邦機關收到直接來自美國總統的文件，就知道絕不能等閒視之；相較之下，「資料需求」是最弱勢的工具。

為了清楚說明，且讓我稍微打破一般「不應透露與美國總統的談話」的規則。在歐巴馬總統第一任任期時，我們討論過可以透過哪些方法指示各機關遵循某些原則與要求，包括請各機關放鬆管制。歐巴馬總統最後選擇採用行政命令，也就是後來的第13563號行政命令。我也提出許多補充和替代方案，包括我打算發出的

資料需求。討論結束後，我詢問總統對於資料需求內容是否有任何想法。他的回應帶著一點憐憫、一點淘氣，以及一點難以置信：「凱斯，美國民眾真的沒那麼在意你那什麼鬼資料需求。」（他當時的說法應該沒有「什麼鬼」那麼委婉。）

　　要指示機關縮減淤泥效應，指示**內容**也是重點。如果是發出資料需求，可以訂出一些開放式標準：「嚴肅看待文書作業負擔問題」或「盡可能減少文書作業負擔」；也可以像書中引用過的文件，訂出具體的數字：「每年減少5000萬個負擔時數」或「將現有負擔減少10％」；[45]或者和過去一樣，[46]明確指示如何減輕負擔：（1）使用短版的選項；（2）允許電子通訊；（3）推動預填表格；（4）減少蒐集資訊的頻率；（5）重複運用政府既有資訊。[47]這些都是常見的方式，執行的難易不一。而且我們不妨考慮其他創新的方法，手段或許可以更積極。

　　倘若你還記得97.8億個小時這個數字，或許會同意資訊與管制事務處應該大刀闊斧減少文書作業負擔：既要處理不斷新增的負擔，也要持續消除過去的累積。至

於做法上，資訊與管制事務處可以透過總統令（最佳選擇）或獨自發出指令（也是不錯的選擇），要求未來六個月內做到以下事項：

- 找出至少三個步驟，透過前述各種方法來減輕現有負擔。

- 目前對人民造成沉重負擔的機關（根據標準化的定義），必須將現有負擔減少至少10萬小時；目前對人民造成最沉重負擔的機關，則必須減少至少300萬小時。

- 特別注意要減輕弱勢群體的負擔，包括年長、殘疾與貧困人士。

- 特別注意要減輕不利於當前政策優先事項或特殊利益的負擔。（當然，這在改朝換代或同一任政府當中都可能有所改變。）

相關做法可能各有不同，而資訊與管制事務處與各機關的互動也肯定會帶出新的想法。不同的政府，基本

上會有不同的政策優先事項。有些可能希望先減少「平價醫療法案」造成的資訊蒐集負擔;有些則想先減少小型企業與新創企業會遇上的淤泥效應;有些想優先處理交通部門或教育界的負擔;有些甚至想全部一起做。重要的是,許多行政負擔來自州和地方政府,資訊與管制事務處雖然無法直接下達指令,還是能透過召集權來清理淤泥效應。尤其當聯邦、州與地方政府必須協調的情況下,多半能使上一點力。

法院

然而,這當中還潛藏一個問題。當聯邦政府違反「文書作業精簡法案」、強加文書負擔時,法律上是否存在應對的辦法?舉例來說,如果衛生部要求醫院填寫大量如天書般的表格,表格內容並不符合「文書作業精簡法案」中應簡化且具實際效用的需求,醫院可以援引「文書作業精簡法案」,讓這項要求變為無效嗎?

答案似乎是否定的。一般來說,只要資訊與管制事

務處批准某項資料蒐集要求，民眾就必須遵守。[48]美國索賠法院（Court of Claims）指出，「文書作業精簡法案」只規定「公民有權不花時間、精力或財務資源回應**未經管理預算局批准的**資訊蒐集請求」。[49]這項裁決得到許多法庭遵循，[50]以及「文書作業精簡法案」相關條文支持：

（a）即便有其他法律規定，若有以下情形，不得使任何人因未遵守本分章所規定之資訊蒐集而受罰：

（1）資訊蒐集**未標明由主任依本分章規定所分派的有效管制編號**；或

（2）對於應回覆資訊蒐集要求之對象，該機關並未告知若資訊蒐集**未標明有效管制編號**，則無須回覆。

（b）本節所提供之保護，得於機關行政程序或適用之審判行為期間，適時提出作為完全抗辯（complete defense）、抗辯事由或其他用途。[51]

　　法條寫得很明確,「文書作業精簡法案」唯一的要求就是資訊蒐集必須具備並標明管制編號、顯示已獲得資訊與管制事務處核准。但也有一種合理的論點認為,「文書作業精簡法案」應再予修正,允許公民對資訊蒐集提出更廣泛的反對意見;原因或許是認為就目前的「文書作業精簡法案」條文而言,資訊與管制事務處的核准過於武斷,而且至少部分強制蒐集資訊的案例在一定程度上已逾越界限。「行政程序法」通常允許在公職人員做出專斷決定時進行司法審查。[52]有鑑於資訊蒐集可能造成龐大的成本與干擾,也應適用此等規定。

國會

　　「文書作業精簡法案」是否還有待修訂之處?絕對有。特別需要三項改革,來大幅改善現狀。

　　第一,國會應該要求定期「回頭檢視」現行的文書作業負擔,確認當前的要求是否合理;同時刪除那些過時、無意義或成本過高的要求。目前的各項法規原本大

致就需要定期回頭檢視，這項改革也是以此為基礎。[53]
關於文書作業負擔，可以每兩年檢視一次，然後要求向
國會提交一份公開報告；第二，國會應明確要求各機關
選擇最不會造成文書作業負擔的方式來達到各項目標。
基本上，就是要追求成本效益。舉例來說，要是年度報
告與季度報告的效益相同，機關選擇年度報告即可。我
也提過，雖說現行法律已經相當要求成本效益，但若能
透過立法釋放明確的訊號會有很大的好處；第三，國會
應明確要求文書作業的效益必須證明付出的成本是合理
的。前面提到目前「文書作業精簡法案」已經相當重視
成本與效益間的平衡，但尚未白紙黑字明文規定，所以
國會同樣應對此做出明確表態。

　　無論是文書作業或整體法規，都該了解「成本效
益」（cost-effectiveness）和「成本效益分析」（cost-benefit
analysis）之間的差異。「成本效益」指的是以成本最低
的方式實現特定目標；這應該是很合理的想法，不會有
太大爭議。不過，也可能出現某項行政負擔符合成本效
益，卻無法通過成本效益分析的情況。這意味著該做法

尚待商榷。也就是說，即使某項行政負擔符合成本效益，還是需要通過成本效益分析，才能確保整體而言利大於弊。

　　的確，在文書作業負擔上，並不容易達到成本和效益之間的平衡。政府機關想達到這樣的平衡，大致上需要從經濟的角度，比較文書負擔的社會效益與社會成本。單就術語的字面意義來看，很難說文書作業負擔能夠產生**社會**效益。例如國稅局讓納稅人承受的文書作業負擔，可能是為了確保納稅人都遵守規則。我們當然可以談談同時間面臨的經濟成本（比如將文書作業時數換算成貨幣金額）與經濟利益（像是財政部會收到多少錢），但這並不是標準的成本效益分析。又或者，有些文書負擔只是要確保應該拿到福利的人能夠取得福利，避免金錢流向有心人士的口袋。

　　在這種情況下，成本效益分析也有一種比較粗略的做法，不是去比較經濟上的社會成本與社會效益，而是評估這些做法是否**符合比例原則**。投入大量的成本，就是為了達成重大的目的？那麼成本規模多大？收益規模

呢？實際數字有助於做出良好決策，對抗淤泥效應。

　　值得強調的是，就算只是較粗略的成本效益分析，也有助於**強迫透露資訊**（information forcing），讓各機關更有動力精準計算負擔時數，換算為貨幣金額；同時更具體量化了解資訊蒐集帶來的預期效益。政府究竟想知道什麼？需要知道什麼？為什麼？

　　想知道資訊蒐集是否真的能夠帶來好處、真的值得我們付出心力，還需要更多相關資訊才能判斷。在這一點上，要求達到成本與效益的平衡應該會有幫助；而且能帶來刺激，鼓勵人們改善或是找出更具創造性的方式，測試資訊蒐集的效益是否大於成本。

淤泥效應稽核

　　許多機構都應該定期稽核內部的淤泥效應。政府當然要去做，但除此之外，各式各樣的民間機構同樣應該如此。例如銀行、保險公司、醫院、大學與出版社，減少淤泥效應就能省下大筆開支，也可以大幅改進民眾與

這些單位往來的體驗，甚至讓生活煥然一新。這裡最值得強調的或許是醫院。當醫院內部出現淤泥效應，不但容易影響員工情緒、醫病關係，還可能危及民眾的健康與生命。

前面已經提過，淤泥效應稽核可以採用正式或非正式的形式，可以偏量化、也可以偏質化。如果是最簡單的狀況，就是透過淤泥效應稽核，讓公私立機構立即了解現在有哪些淤泥效應不利於機構的利益。公部門的狀況可能是：發現淤泥效應讓學童難以獲得免費的學校午餐，就嘗試縮減淤泥效應；發現待填的表格居然超過100個問題，以至於學生申請補助很困難，那麼就設法縮減淤泥效應；發現貧困的家庭難以取得依法該提供給他們的補助，則可以透過線上服務等方式來縮減淤泥效應。

私部門的狀況則可能是：發現消費者很難完成購買產品（如汽車）的必要流程時，企業可以設法簡化流程，好吸引更多顧客，並且提升整體好感度。當顧客提出客訴卻得不到回應，消費體驗將會大為扣分，而這應該早已不是新聞。目前許多企業會積極提出各種創新手

段，努力減少這一類的問題。不難想像，政府或企業都想率先成為無淤泥效應的政府或企業，流暢解決公民或消費者關注的問題；員工、投資人與學生也是如此。

　　但是從另一個極端的角度來看，公私立機構也可能早就發現淤泥效應其實符合自身利益，所以就算進行淤泥效應稽核，也不會想縮減淤泥效應。舉例來說，當淤泥效應阻礙移民流程時，部分官員不只可能樂觀其成，還可能想再偷偷增加一點；當淤泥效應讓新業者難以加入某些專業領域，與既得利益者掛鉤的官員自然再開心不過；除此之外，讓顧客輕鬆付費訂閱卻不容易取消、陷入淤泥效應的賺錢手段也很驚人。經過仔細測試，或許的確是一種最佳策略。至於在客訴的處理流程中加入一定程度的淤泥效應，不但可以過濾掉不合理的客訴，而且就算客訴有理，或許還能省下一點錢。我們不難想見一些情境，淤泥效應反而有利於企業的競爭利益。可是問題仍然存在：這是不是一種行為市場失靈（behavioral market failure），適合透過法規加以干預？而答案通常是肯定的。

最重要的一點仍然在於,對於公家機關而言,通常都能透過淤泥效應稽核,找出改善績效的重大契機。無論世界上哪個政府,應該都不難編列資訊蒐集預算,並且進一步將文書作業負擔進行分類。當然,部分負擔肯定是合理的,而且最嚴重的淤泥效應形式或許並不在於文書作業(例如讓民眾浪費時間排隊)。至少對於政府而言,編列資訊蒐集預算會是重要的開始,很可能會促進縮減淤泥效應的行動;私立機構也應該編列類似的預算,就算僅供內部參照也無妨,公開透明則可能是個好主意。

少即是多

談到放鬆管制,民眾往往以為是廢止正式的法規,例如環境、食安、機動車輛等相關法令條文。然而,行政負擔其實也是一種管制方式,並且會形成類似稅收程度的重擔。要是政府的行政負擔造成民眾每年100億個小時的文書作業,等同製造出至少相當於2000億美元

的成本。不論是出於理性行動、或是受到行為偏誤（例如惰性與現時偏誤）影響，行政負擔都會造成多餘的成本，妨礙民眾享受權利，也妨礙執行單位取得各種重要效益。事實上，2000億美元這個數字還太小看實際造成的經濟和心理上的影響。淤泥效應不僅僅侵害社會上許多基本權利，也可能讓民眾付出生命的代價。

在這種情況下，一個有力的論點指出，我們應該針對文書作業負擔，推出基於行為科學的放鬆管制措施。這需要從規範的設計層面就開始縮減淤泥效應，包括徹底簡化現行要求、進一步運用預設選項來降低學習和法遵成本。「自動登記」就是很好的案例，不僅讓行政負擔降到極低，也因此產生非常大的影響力。即便面臨無法自動登記的情況，政府也有各種工具可以運用：包括經常提醒；簡化與簡單的語言；線上、電話或實體協助；透過歡迎使用的訊息降低心理成本。

我們需要以實證的態度來面對行政負擔，包括衡量成本與效益，以及仔細評估這些負擔造成的分配效應。這些行政負擔真的有助於減少舞弊？減少的程度和民眾

的接受度如何？在不同族群（包括最弱勢族群）之間有何不同？想要符合法規，需要付出多少時間與金錢？

可以肯定的是，這些問題的答案不見得都是肯定的。像是透過淤泥效應阻撓行使墮胎權的做法是好是壞，民眾的意見就會出現分歧。要認定淤泥效應會造成損失、或帶來效益，我們有時必須面對社會上價值觀差異的考驗。但在大多數情況下，這些分歧既無趣也無關緊要；我們只要得到足夠的資訊，就會了解淤泥效應是得不償失。而在未來，這也會是放鬆管制時必須優先考量的事項。

時間是人類擁有最寶貴的資產，而政府應該設法讓人民掌握更多的時間。

結語
你該翻開哪張牌？

談到資訊的價值，這可能是人類最著名的故事：

耶和華神所造的，惟有蛇比田野一切的活物更狡猾。蛇對女人說：「神豈是真說不許你們吃園中所有樹上的果子嗎？」

女人對蛇說：「園中樹上的果子，我們可以吃。」

惟有園當中那棵樹上的果子，神曾說：「你們不可吃，也不可摸，免得你們死。」

蛇對女人說：「你們不一定死；

因為神知道，你們吃的日子眼睛就明亮了，你們便如神能知道善惡。」

於是女人見那棵樹的果子好作食物，也悅人的眼目，且是可喜愛的，能使人有智慧，就摘下果子來吃了，又給她丈夫，她丈夫也吃了。

他們二人的眼睛就明亮了，才知道自己是赤身露體，便拿無花果樹的葉子為自己編做裙子。[1]

蛇沒說謊，亞當和夏娃吃了蘋果之後，眼睛確實明亮了。而他們的眼睛一明亮，就感到羞恥（「知道自己是赤身露體」），知道了善惡，所以蛇在這一點上也沒說謊。同樣來自〈創世紀〉：「耶和華神說：『那人已經與我們相似，能知道善惡。』」亞當和夏娃被逐出伊甸園，失去了一切，卻得到〈創世記〉清楚點出其重要性之物：知識。

蛇是上帝的代理人？是上帝旨意的工具？上帝希望人類擁有知識？我們一般讀聖經，會覺得以上三個問題

的答案都是否定的。從文本看起來，這種詮釋也沒有問題。然而事實不言自明。亞當和夏娃的故事之所以如此有力量，在於每一位讀者讀過文本之後都忍不住想問：吃了蘋果的亞當和夏娃，難道不是因此成為更自由、更真實，亦即更好的人嗎？

本書的主題是關於事實的知識，而不是關於道德的知識。但是有時候，得到資訊就像遭到詛咒。在一些明顯的例子裡，資訊會讓我們感到焦慮、恐懼、羞恥，甚至絕望。「要不要取得資訊」就像一場賭注：你該翻開哪張牌？許多賭徒都會迷失其中。也有些案例中，資訊並無實際用途，而且可能會造成傷害。舉例來說，假設你事先知道別人對你表現的評價，或是知道自己的準備是否如預期般充分，反而可能無法取得出色的表現。（你真的知道所有朋友對你真正的看法嗎？根據我的調查，大多數人並不想知道。）

我強調過資訊的工具價值：能夠延長、甚至挽救生命；也談到資訊的享樂價值：生活中許多好消息會讓人感到快樂，或是鬆了口氣。而且有些資訊即便當下不

267

見得讓人感到愉快，我們還是想知道。畢竟我們可能今天聽到之後感到不愉快，明天卻會因此感到慶幸，後天更是開心得不得了。我一直試著要強調，人對於資訊、對於答案所帶來的前景會出現情緒反應，這一點十分重要。要判斷民眾究竟想不想取得資訊、什麼時機想取得資訊，就要將重點放在「他們認為自己取得資訊後會有什麼樣的**感受**」。而要判斷民眾**是否應該**想要取得資訊，就更不能忽略這樣的感受。無視民眾的感受非但不智，甚至可說是一種殘酷。

當然，假使我們真的要談民眾何時想要取得或迴避資訊、談這樣的決定是對是錯，我們還有太多事需要說清楚、太多事需要進一步了解。但我認為，我在書中說的已經足以點出事實的全貌與重點；這些是我們思考的基礎，幫助我們思考公共政策上揮之不去的問題，也可能有助於形塑未來數十年的樣貌。在許許多多的領域中，只要遇上風險，似乎都會建議要揭露資訊。一旦某種行為或手段引發嚴重的道德問題，我們就會聽到：消費者有知的權利。

要是本書的主張是正確的，我會說「**知的權利**」（right to know）這種說法通常不會帶來任何幫助；我們真正該討論的是：考量一切因素之後，資訊是否真的能讓民眾過得更好？為了回答這個問題，就要了解資訊會如何幫助民眾、如何損及民眾權益，也要了解分配效應（也就是誰得到幫助、誰受到傷害）。有時候，資訊能夠幫助社會底層的人們；有時候，資訊能夠挽救生命；但也有時候，我們會嚴重誤判資訊的影響力。如同目前的研究證據顯示，食物熱量標示基本上是正面的做法，基改食品標示則幾乎能肯定是負面的做法。而相較於這些具體結論，更重要的是要深入研究強制揭露資訊會造成的實際後果。

這一則引人深思的例子來自於研究臉書的資料：這個平台雖然看似讓用戶的快樂程度降低，但用戶認為需要付給他們一筆頗大的金額，才願意放棄使用臉書。造成這個結果的原因不明，不過我們或許可以猜測，用戶從平台上接收到的資訊（關於朋友、家庭或政治的資訊）對他們來說非常重要；而這能否讓他們快樂並不重要。

說到這裡也提醒了我們，人類看待「幸福」的觀念複雜至極，光談快樂還不夠。彌爾之所以反對邊沁版本的功利主義，在此值得一提。彌爾如此描述邊沁：

> 只有隱約看到，人性本來就會為了理想目的（ideal end）本身而去追尋這些目的。像是榮譽感、個人尊嚴，感受到自我的提升或退化，這些與其他人的意見並無關聯、甚至有所牴觸；對美的熱愛，藝術家的熱情；對秩序、協調、萬物連貫與順應目標的熱愛；對權力的熱愛，而且不只是「要凌駕其他人」這種有限權力，而是「能夠使行動發揮效用」的抽象權力；對行動的熱愛、追求動作與活動的渴望，這個原則對於人類生活的影響，很少會亞於其反面原則（對安逸的熱愛）的影響力……他把「人」這種最複雜的生物看得太過簡單。[2]

這些話有助於解釋我們為什麼想要追求資訊，也能從中看出為什麼這很難單純從享樂的角度來解釋。

　　政府並不是人，但政府也想要取得資訊，而且是取得很多資訊。但無論對於人或政府，我們該問的都是：「取得資訊的後果是什麼？」有時候效益高、成本低，政府就能運用資訊來改善人民的生活，確保各項計畫順利運作；但有時候要取得資訊，就得越過大片的淤泥。而有一點已經很清楚了：每年97.8億個小時的文書作業時數絕對太多了。在全世界，無論政府或民間機構都應該進行淤泥效應稽核。

　　拜雅特的大作《佔有》可說是伊甸園故事的延伸，知識的取得也成為書中一大重點。書裡的態度微妙且不置可否，既將知識視為祝福、也視為詛咒。在一個重要段落，藍道弗・艾許（Randolph Ash）將下面這段話寫給他的情人暨靈魂伴侶克莉史塔伯・勒摩特（Christabel LaMotte）：「我們總有一天會感到悲傷、感到後悔，而我寧願是為了現實、而不是為了空想，是為了知識、而不是為了盼望，是為了行為、而不是為了猶豫，是為了真實的生活、而不只是為了病態的揣想。」[3]字裡行間流露出的是歡喜、生命，而不是宿命或絕望。艾許在此下

定決心選擇追求知識，即便結果不盡人意也在所不惜。

　　對於人生，艾許的論點極具說服力（當然是指心靈上）；但對於政府與監理機關，事情會複雜得多。接下來數十年間，政府與監理機構將擁有前所未有的機會，得以要求揭露資訊，幫助消費者、員工、投資人或一般大眾享受更好的生活。這會是很棒的方向。但就是有些情況，少即是多、多即是少。而我們必須面對的挑戰，是讓資訊更可能真正讓人們的每一天、每一年都過得更好，讓「真實的人生」快樂而久長。

致謝

十分感謝許多朋友和合作者對本書的幫助。特別感謝喬治・洛溫斯坦、歐倫・巴吉爾、大衛・施卡德、羅素・戈曼和艾瑞克・波斯納，我們的合作有趣又美好，也反映在本書的內容。因為有機會和他們合作，使我對書中主題的理解更加豐富（以後也請多多合作！）。還要感謝塔利・夏洛特（Tali Sharot）與我多次討論，共同進行關於資訊搜尋、資訊迴避的研究，本書獲益匪淺。

已故的艾德納・烏爾曼－瑪格麗特（Edna Ullmann-Margalit）寫過一篇精采明快的文章〈關於「不想知道」〉

（*On Not Wanting to Know*，收錄於她2017年出版的《正常的理性》〔*Normal Rationality*〕一書），啟發我對於「想要知道」這項主題的興趣，也持續影響我的思考框架。在此感謝烏爾曼－瑪格麗特和我所進行的許多寶貴的討論。理查·塞勒是一位絕佳的討論夥伴，創意十足、可愛、有趣，偶爾也炮火猛烈，我們合作完成「推力」與「淤泥效應」的研究。也要感謝芝加哥大學長期以來的同事喬恩·埃爾斯特（Jon Elster）。好久好久以前，我們曾經打算合寫一篇關於「無知是福」的論文，雖然最後並未成真，但我求教於他甚多，至今仍幾乎天天受益。

　　非常感謝艾蜜莉·泰伯（Emily Taber），她是了不起的編輯和朋友，讓這本書在許多方面都變得更好（好，我必須承認，她幾乎讓這本書改頭換面）。凱瑟琳·卡魯索（Kathleen Caruso）精心完成出眾的工作，讓我的手稿變成一本真正的書。三位匿名審稿者也助益甚多。感謝安德魯·海因里希（Andrew Heinrich）、伊森·羅文斯（Ethan Lowens）、扎克·曼利（Zach Manley）與科迪·韋斯特法爾（Cody Westphal）提供出色的

研究協助。哈佛法學院的行為經濟學與公共政策學程
（Behavioral Economics and Public Policy Program）提供不可
或缺的支持。我的經紀人莎拉・查芬特（Sarah Chalfant）
讓這本書成為可能。而薩曼莎・鮑爾（Samantha Power）
則是讓一切成為可能，要說她是「害人不能好好享受爆
米花」的專家，通常也是為了得到最好的成果。

　　本書借用一些過去的研究論文，但都經過大幅實
質的增刪修訂。第二章取自：Cass R. Sunstein, *Ruining
Popcorn? The Welfare Effects of Information*, 58J. Risk and
Uncertainty 121 (2019)；第三章取自：George Loewenstein,
Cass R. Sunstein, and Russell Golman, *Disclosure: Psychology
Changes Everything*, 6 Annual Review of Economics 391
(2014)；第四章取自：Oren Bar-Gill, David Schkade, and
Cass R. Sunstein, *Drawing False Inferences from Mandated
Disclosures*, 3 Behavioural Public Policy 209 (2019)；第五章
有相當部分取自：Eric Posner and Cass R. Sunstein, *Moral
Commitments in Cost-Benefit Analysis*, 103 Virginia Law Review
1809 (2017)；第六章取自：Cass R. Sunstein, *Valuing*

Facebook, Behavioural Public Policy (2019)；第 七 章 則 取
自：Cass R. Sunstein, *Sludge and Ordeals*, 68 Duke L. J. 1843
(2019)。再次特別感謝我的合著者：洛溫斯坦、戈曼、巴
吉爾、施卡德與波斯納，允許我使用我們合著的成果，
以及允許我進行各種修改、刪除與編輯。諸多修改內容
與所犯下的錯誤，絕不是他們的責任。如果讀者有興趣
更全面了解各種處理措施、深入認識本書並未探討的議
題，強烈建議參考上述原始文章。

各章注釋

1. 參見：Edna Ullmann-Margalit, *On Not Wanting to Know*, in Normal Rationality 80 (Avishai Margalit & Cass R. Sunstein eds., 2017).

2. Russell Golman et al., *Information Avoidance*, 55 J. Econ. Literature 96 (2017); Ralph Hertwig & Christopher Engel, *Homo Ignorans: Deliberately Choosing Not to Know*, 11 Persp. Psychol. Sci. 359 (2016), https://doi.org/10.1177/1745691616635594.

3. 參見：Ullmann-Margalit, supra note 1.

4. 有些討論令我獲益良多，參見：Linda Thunstrom et al., *Strategic Self-Ignorance*, 52 J. Risk and Uncertainty 117 (2016); Jonas Nordstrom et al., Strategic Self-Ignorance Negates the

Effect of Risk Information, https://editorialexpress.com/cgi-bin/
conference/download.cgi?db_name=EEAESEM2016&paper_
id=1949; Golman et al., supra note 2; Hertwig & Engel, supra
note 2; Caroline J. Charpentier et al., *Valuation of Knowledge
and Ignorance in Mesolimbic Reward Circuitry*, 115 PNAS E7255
(2018).

5. 參見：Tali Sharot & Cass R. Sunstein, *How People Decide What
They Want to Know*, 4 Nat. Hum. Behav. 14 (2020).

6. 參見：Daniel Kahneman, Thinking, Fast and Slow (2011).

7. 參見：Linda Thunstrom & Chian Jones Ritten, *Endogenous
Attention to Costs*, 59 J. Risk and Uncertainty 1 (2019).

8. Chip Heath & Dan Heath, *The Curse of Knowledge*, Harv.
Bus. Rev. (Dec. 2006), https://hbr.org/2006/12/the-curse-of-
knowledge.

9. 相關討論請見：Sharot & Sunstein, supra note 5.

10. 參見：Jon Elster, Sour Grapes (1983).

11. 參見：Thunstrom et al., supra note 4.

12. Id.

13. Id.；另外參見：Nordstrom et al., supra note 4.

14. Daniel Kahneman et al., *Experimental Tests of the Endowment
Effect and the Coase Theorem*, 98 J. Pol. Econ. 1325 (1990).

15. Jada Hamilton et al., *Emotional Distress Following Genetic Testing
for Hereditary Breast and Ovarian Cancer: A Meta-Analytic Review*,
28 Health Psych. 510 (2009).

16. 參見：Marta Broadstreet et al., *Psychological Consequences of*

Predictive Genetic Testing: A Systematic Review, 8 European Journal of Genetics 731 (2000).

17. Id.這裡值得參考關於「情緒自我調節」（emotional self-regulation）的研究，例如參見：Charles S. Carver & Michael F. Scheier, *Cybernetic Control Processes and the Self-Regulation of Behavior*, in Oxford Handbook on Motivation 28 (Richard Ryan ed., 2012).

18. 參見：Cass R. Sunstein, *Illusory Losses*, 37 J. Legal Stud. S157 (2008).

19. David Schkade and Daniel Kahneman, *Does Living in California Make People Happy? A Focusing Illusion in Judgments of Life Satisfaction*, 9 Psych. Science 340, 346 (1996).

20. Tali Sharot, The Optimism Bias (2012).

21. Amos Tversky & Daniel Kahneman, *Judgment under Uncertainty: Heuristics and Biases*, in Judgment under Uncertainty: Heuristics and Biases 3, 11 (Daniel Kahneman et al. eds., 1982).

22. Niklas Karlsson et al., *The Ostrich Effect: Selective Attention to Information*, 38 J. Risk and Uncertainty 95 (2009), https://www.cmu.edu/dietrich/sds/docs/loewenstein/OstrichEffect.pdf.

23. 參見：Charles Dorison et al., *Selective Exposure Partly Relies on Faulty Affective Forecasts,* 188 Cognition 98 (2019).

24. Linda Thunstrom, *Welfare Effects of Nudges: The Emotional Tax of Calorie Menu Labeling*, 14 Judgment and Decision Making 11 (2019), http://journal.sjdm.org/18/18829/jdm18829.html.

25. Id.另外參見：Nordstrom et al., supra note 4.

26. 參見：Thunstrom, supra note 24.

27. Id.

28. Gerd Gigerenzer & Rocio Garcia-Retamero, *Cassandra's Regret: The Psychology of Not Wanting to Know*, 124 Psych. Rev. 179 (2017), https://www.apa.org/pubs/journals/releases/rev-rev0000055.pdf.

29. Charpentier et al., supra note 4.

30. 相關資料請見：Yumi Iwamitsu et al., *Anxiety, Emotional Suppression, and Psychological Distress before and after Breast Cancer Diagnosis*, 46 Psychosomatics 19 (2005); Theresa Marteau & John Weinman, *Self-Regulation and the Behavioural Response to DNA Risk Information: A Theoretical Analysis and Framework for Future Research*, 62 Soc. Sci. & Med. 1360 (2006); Jada Hamilton et al., *Emotional Distress Following Genetic Testing for Hereditary Breast and Ovarian Cancer: A Meta-Analytic Review*, 28 Health Psychol. 510 (2009).

31. 參見：Cass R. Sunstein, The Ethics of Influence (2015).

32. Thunstrom et al., supra note 4.

第二章　如何計算「幸福」？

1. 支持道義義務的論點可參見：John Rawls, A Theory of Justice (1972); Joseph Raz, The Morality of Freedom (1985)。而支持福利主義的論點則可參見：Matthew Adler, Well-Being and Fair Distribution: Beyond Cost-Benefit Analysis (2011).

2. 本提案內容請見：https://www.federalregister.gov/documents/2019/08/16/2019-17481/tobacco-products-

requiredwarnings-for-cigarette-packages-and-advertisements.

3. 參見：Adler, supra note 1; Matthew D. Adler, Measuring Social Welfare: An Introduction (2019).

4. Id.

5. 本節及本章部分內容取自先前兩篇文章，較簡短的是：Cass R. Sunstein, The Cost-Benefit Revolution (2018)；較完整的是：Cass R. Sunstein, *Ruining Popcorn? The Welfare Effects of Information*, 58 J. Risk and Uncertainty 121 (2019)。其中（特別是前者）論點經過大幅修改，希望也有所改進。（就算重複自己說過的話實在不理想，應該至少比自相矛盾來得更好？紀德〔André Gide〕曾說：「所有該說的，早就說過了。但因為當時也沒人在聽，以至於所有事都得再說一遍。」）

6. 關於支持這種論點的說法，請見：Cass R. Sunstein, The Cost-Benefit Revolution (2018).

7. W. Kip Viscusi, Pricing Lives (2018).

8. Kenneth Arrow, *Economic Welfare and the Allocation of Resources for Invention*, in The Rate and Direction of Inventive Activity: Economic and Social Factors 6–5 (1962).

9. Richard H. Thaler & Cass R. Sunstein, Nudge: Improving Decisions about Health, Wealth, and Happiness (2008).

10. Shlomo Benartzi et al., *Should Governments Invest More in Nudging?*, 28 Psychol. Sci.1041 (2017).

11. 關於各種提示警告，請見：W. Kip Viscusi, Reforming Products Liability (1991)。關於一般的各種無效推力，請

見：Cass R. Sunstein, *Nudges That Fail*, 1 Behav. Pub. Pol'y 4 (2017).

12. H. Gilbert Welch, Should I Be Tested for Cancer? (2004). 另外參見：H. Gilbert Welch et al., Overdiagnosed (2012).

13. Wesley A. Magat & W. Kip Viscusi, Informational Approaches to Regulation (1992)。另外參見：Cass R. Sunstein, Simpler: The Future of Government (2013).

14. Omri Ben-Shahar & Carl Schneider, More Than You Wanted to Know: The Failure of Mandated Disclosure (2016).

15. 參見：Natalina Zlatevska et al., *Mandatory Calorie Disclosure: A Comprehensive Analysis of Its Effect on Consumers and Retailers*, 94 J. Retailing 89 (2018).

16. 參見：Zlatevska et al., supra note 15, at 93 (Table 1).

17. 參見：Joel Monárrez-Espino et al., *Systematic Review of the Effect of Pictorial Warnings on Cigarette Packages in Smoking Behavior*, 104 Am. J. Pub.Health e11 (2014); Sven Schneider et al., *Does the Effect Go Up in Smoke? A Randomized Controlled Trial of Pictorial Warnings on Cigarette Packaging*, 86 Patient Educ. and Counseling 77 (2012).

18. 例如參見：Monárrez-Espino et al., supra note 17。從1989年到2014年間，共有2456篇文章討論警示圖對吸菸者的影響，其中只有5篇進行隨機對照實驗。請注意，在同儕審查研究設計的時候，隨機對照實驗會得到最高的評價。

19. 例如參見：Abigail Evans et al., *Graphic Warning Labels Elicit Affective and Thoughtful Responses from Smokers: Results of a*

Randomized Clinical Trial, 10 PLOS One 1 (2015)。學者長
期以來一直爭論不休，不確定究竟吸菸者是真的會去思
考警告標示的內容，又或是視而不見。而這項研究顯示
這些標示確實對吸菸者有強大的影響，而且因為採用隨
機對照實驗，就能夠特別將警示圖的效果獨立出來。而
且得到的結果也與其他一些研究一致：標示上的資訊愈
少，吸菸者才會想得愈多。

20. 相關有用的概述可參見：Kent D. Messer et al., Labeling Food
Processes: The Good, the Bad and the Ugly, 39 Applied Econ.
Persp. & Pol'y 407 (2017), https://academic.oup.com/aepp/
article/39/3/407/4085217.

21. Erica Myers et al., *Effects of Mandatory Energy Efficiency Disclosure
in Housing Markets* (Nat'l Bureau of Econ. Research, Working
Paper No. 26436, 2019), https://www.nber.org/papers/w26436.

22. Jens Hainmueller et al., *Consumer Demand for Fair Trade*, 97 Rev.
Econ. and Stat. 242 (2015), https://www.mitpressjournals.org/
doi/abs/10.1162/REST_a_00467.

23. Nat'l Res. Council, Dolphins and the Tuna Industry, Nat'l Acad.
Press, PL 42 (1992).

24. Mary J. Christoph & Ruopeng An, *Effect of Nutrition Labels on
Dietary Quality among College Students*, 76 Nutrition Rev. 187
(2018), https://www.ncbi.nlm.nih.gov/pubmed/29373747.

25. Ctrs. for Disease Control and Prevention, *CDC Study Finds Levels
of Trans-Fatty Acids in Blood of U.S. White Adults Has Decreased*
(Feb. 8, 2012), https://www.cdc.gov/media/releases/2012/p0208_

trans-fatty_acids.html.

26. Anne N. Thorndike et al., *Traffic-Light Labels and Choice Architecture Promoting Healthy Food Choices*, 46 Am. J. Preventive Med. 143 (2014), https://www.ncbi.nlm.nih.gov/pmc/articles/PMC3911887/. 但請參見：M. W. Seward et al., *A Traffic-Light Label Intervention and Dietary Choices in College Cafeterias*, 106 Am. J. Pub. Health 1808 (2016), https://www.ncbi.nlm.nih.gov/pubmed/27552277.

27. Gicheol Jeong & Yeunjoong Kim, *The Effects of Energy Efficiency and Environmental Labels on Appliance Choice in South Korea*, 8 Energy Efficiency 559 (2015), https://link.springer.com/article/10.1007/s12053-014-9307-1.

28. Kamila M. Kiszko et al., *The Influence of Calorie Labeling on Food Orders and Consumption*, 39 J. Community Health, 1248 (2014), https://www.ncbi.nlm.nih.gov/pmc/articles/PMC4209007/; Brian Elbel et al., *Calorie Labeling and Food Choices*, 28 Health Aff. 1110 (2009), https://www.ncbi.nlm.nih.gov/pubmed/19808705; Sara N. Bleich et al., *A Systematic Review of Calorie Labeling and Modified Calorie Labeling Interventions*, 25 Obesity 2018 (2017), https://www.ncbi.nlm.nih.gov/pmc/articles/PMC5752125/.

29. Julie S. Downs et al., *Supplementing Menu Labeling with Calorie Recommendations to Test for Facilitation Effects*, 103 Am. J. Pub. Health 1604 (2013), https://ajph.aphapublications.org/doi/full/10.2105/AJPH.2013.301218.

30. Partha Deb & Carmen Vargas, *Who Benefits from Calorie*

Labeling? 1–29 (Nat'l Bureau of Econ. Research, Working Paper No. 21992, 2016), https://www.nber.org/papers/w21992；另外參見：Bryan Bollinger et al., *Calorie Posting in Chain Restaurants* (Nat'l Bureau of Econ.Research, Working Paper No. 15648, 2010), https://www.nber.org/papers/w15648.

31. Steven K. Dallas et al., *Don't Count Calorie Labeling Out*, 29 J. Consumer Psychol. 60 (2018).

32. 曾有一項重要判決，認為由於量化不可行，因此贊同不應該將效益量化，參見：Inv. Co. Inst. v. Commodity Futures Trading Comm'n, 720 F.3d 370 (D.C. Cir. 2013)。而就資訊揭露而言，一項重要判決是：Nat'l Ass'n of Mfr. v. SEC (D.C. Cir.2014)，其中針對一項要求揭露「衝突礦產」的規定，認定並非出於蠻橫的推斷：

> 除非有法律明文要求，否則政府機關並無須「衡量無法衡量的事物」，也無須進行「嚴謹的量化經濟分析」。本案中，能夠展現該規定之效益的地點遠在半個世界以外，那是一場情況不明的衝突，幾乎無法得到任何可靠的資訊，而且牽涉的也是該委員會並不具特別專業的主題。就算有人能夠計算最後這項規定直接拯救多少生命、避免幾件強暴事件，到頭來也並無意義；因為這項規定的成本是以美元計算，兩者後續的比較會像是拿蘋果來跟磚頭比較。雖然相關資料不足，但該委員會提出資訊揭露的規定實屬必要。

　　引自 Inv. Co. Inst., v. Commodity Futures Trading Comm'n 720 F.3d 370 (D.C. Cir. 2013).

33. Ben-Shahar & Schneider, supra note 14.

34. Daniel Kahneman & Richard H. Thaler, *Anomalies: Utility Maximization and Experienced Utility*, 20 J. Econ. Persp. 221 (2006).

35. 最後的法規請見：https://www.federalregister.gov/documents/2018/12/21/2018-27283/national-bioengineered-food-disclosure-standard.

36. Hunt Allcott & Judd B. Kessler, *The Welfare Effects of Nudges: A Case Study of Energy Use Social Comparisons*, 11 American Economic Review: Applied Economics 236 (2019).

37. Preference Change: Approaches from Philosophy, Economics and Psychology 4 (Till Grune-Yanoff & Sven Ove Hansson eds., 2009).

38. 舉例來說，根據美國環保署與交通部（2011）的說法，談到新的油耗標示時，「關於標示設計如何影響汽車銷售，任何的量化效果評估都涉及大量的猜測。」簡而言之：「這項規定的主要效益，在於改進資訊呈現、進而改進消費者決策結果。而目前環保署與美國國家公路交通安全管理局（NHTSA）並沒有資料能夠量化這些影響。」Revisions and Additions to Motor Vehicle Fuel Economy Label, 76 Fed. Reg. 39,517 (July 6, 2011).

39. W. Kip Viscusi & Wesley A. Magat, Learning about Risk (1987).

40. Wesley A. Magat & W. Kip Viscusi, Informational Approaches to

Regulation (1992).

41. Allcott & Kessler, supra note 35.

42. 這裡的關鍵研究是：W. Kip Viscusi, Pricing Lives (2018)；許多人都引用這項研究。例如Thomson and Monje就解釋道：「根據目前可獲得最佳的證據，本指示認定一個人的統計生命價值為940萬美元。」Kathryn Thomason & Carlos Monje, Guidance on Treatment of the Economic Value of a Statistical Life in U.S. Department of Transportation Analyses, Memorandum, US Department of Transportation (2015), https://perma.cc/C6RQ-4ZXR. 另外參見桑思汀的文章，其中提供背後的理論以及討論各機關如何「針對提案法規所能拯救的人訂出金錢價值」。Cass R. Sunstein, Valuing Life: Humanizing the Regulatory State (2014).

43. 參見Loureiro et al.的文章，其中發現「平均而言，消費者願意以高出原始價格將近11％的價格，購買有營養標示的餅乾。」Maria L. Loureiro et al., *Do Consumers Value Nutritional Labels?*, 33 Eur. Rev. Agric. Econ. 249, 263 (2006). 此外，「一如預期，在有飲食相關健康問題的人（估計平均為13％）與毫無飲食相關健康問題的人（估計平均為9％）之間，結果也顯示（支付意願）存在著差異。」Id. at 249.

44. 參見：US Food and Drug Administration, Food Labeling: Nutrition Labeling of Standard Menu Items in Restaurants and Similar Retail Food Establishments, Report FDA-2011-F-0172, 11, 64 (2014), https://www.fda.gov/media/90450/download。但

也一如過去，就算是從福利的觀點，以支付意願作為判斷標準還是會引來反對。例如參見Bronsteen et al.的研究，就指出人類有時候並無法判斷哪些事情能夠提升自己的福利，以此質疑支付意願的適用性。 John Bronsteen et al., Happiness and the Law (2015).

45. Jonathan Gruber & Sendhil Mullainathan, *Do Cigarette Taxes Make Smokers Happier?* (Nat'l Bureau of Econ. Research, Working Paper No. 8872, 2002), http://www.nber.org/papers/w8872.

46. 參見美國食品藥物管理局的說法，指出非吸菸者的壽命較長、罹患癌症與疾病較少、財產增加較多。US Food and Drug Administration, Required Warnings for Cigarette Packages and Advertisements, 76 Fed. Reg. 36719 (June 22, 2011). 另外也可參見美國勞工部要求所有雇主提供職業安全衛生日誌（OSHA log）。US Department of Labor, Improve Tracking of Workplace Injuries and Illnesses, 81 Fed. Reg. 29628 (May 12, 2016). 以及參見美國環保署與交通部曾表示：「本機關認為，掌握充分資訊的選擇本身就是目的，即使難以量化；本機關也相信，新標示必將為消費者帶來包括經濟上的重大效益，雖然此時還無法量化這些效益。」US Environmental Protection Agency & US Department of Transportation, Revisions and Additions to Motor Vehicle Fuel Economy Label, 76 Fed. Reg. 39517 (July 6, 2011). 最後，也請參見美國食品藥物管理局的說法：「最後的規定能使各種食品選擇的長期健康影響更為凸顯，也能提供購買食品時的情境提示（contextual cue），或許就能對消費者有

所助益。」US Food and Drug Administration, Food Labeling: Nutrition Labeling of Standard Menu Items in Restaurants and Similar Retail Food Establishments, Report FDA-2011-F-0172, 11 (2014), https://www.fda.gov/media/90450/download.

47. 本提案內容請見：https://www.federalregister.gov/documents/2019/08/16/2019-17481/tobacco-products-requiredwarnings-for-cigarette-packages-and-advertisements.

第三章　心理學

1. Omri Ben-Shahar & Carl E. Schneider, *The Failure of Mandated Disclosure*, 159 U. Pa. L. Rev. 647 (2010)。這篇文章後來發展為一本絕佳的專書：Omri Ben-Shahar & Carl E. Schneider, More than You Want to Know (2014).

2. 就算在資訊無法確認屬實的時候，各方也可能坦誠溝通。Vincent P. Crawford & Joel Sobel, *Strategic Information Transmission*, 50 Econometrica 1431 (1982); Joseph Farrell & Matthew Rabin, *Cheap Talk*, 10 J. Econ. Persp. 103 (1996).

3. 例如：Ulrike Malmendier & Devin Shanthikumar, *Are Small Investors Naïve about Incentives?*, 85 J. Fin.Econ.457 (2007).

4. Vijay Krishna & John Morgan, *A Model of Expertise*, 116 Q. J. Econ. 747 (2001).

5. Carlos Jensen et al., *Privacy Practices of Internet Users: Self-Reports versus Observed Behavior*, 63 Intl. J. Man-Machine Stud. 203 (2005).

6. Joseph Turrow et al., *The Federal Trade Commission and Consumer

Privacy in the Coming Decade, 3 I/S: J. L. Pol. Info. Soc'y 723 (2008).

7. 眾人對此渾然未覺、進而有錯誤的印象，應該並不令人意外。據估計，有54%的隱私權政策超出57%網民的理解能力，參見：Carlos Jensen & Colin Potts, *Privacy Policies as Decision-Making Tools: An Evaluation of Online Privacy Notices* in Proceedings of the SIGCHI Conference on Human Factors in Computing Systems 471 (2004)；有趣的是，如果要美國消費者**確實**讀過所有隱私權政策，所需的時間換算成金額，每年將會高達6520億美元。Aleeccia M. McDonald & Lorrie Faith Cranor, *Cost of Reading Privacy Policies*, 4 I/S: J. L. Pol.Info.Soc'y 543 (2008).

8. Roger McCarthy et al., *Product Information Presentation, User Behavior, and Safety*, 28 Proc. Hum. Factors Ergonomics Soc'y Ann. Meeting 81 (1984).

9. 研究摘要請見：Richard E. Nisbett & Lee Ross, Human Inference: Strategies and Shortcomings of Social Judgment (1980).

10. Alexander L. Brown et al., *To Review or Not to Review? Limited Strategic Thinking at the Movie Box Office*, 4 Am. Econ. J. Microecon. 1 (2012); Alexander L. Brown et al., *Estimating Structural Models of Equilibrium and Cognitive Hierarchy Thinking in the Field: The Case of Withheld Movie Critic Reviews*, 59 Mgmt. Sci. 733 (2013).

11. Sunita Sah & George Loewenstein, *Nothing to Declare: Mandatory and Voluntary Disclosure Leads Advisors to Avoid Conflicts of Interest,*

25 Psychol. Sci.575 (2014).

12. Alan D. Mathios, *The Impact of Mandatory Disclosure Laws on Product Choices: An Analysis of the Salad Dressing Market*, 43 J. L. Econ. 651 (2000).

13. Botond Kőszegi, *Utility from Anticipation and Personal Equilibrium*, 44 Econ. Theory 415 (2010), https://doi.org/10.1007/s00199-009-0465-x. 例如參見：Markus K. Brunnermeier & Jonathan A. Parker, *Optimal Expectations*, 95 Am. Econ.Rev. 1092 (2005); Andrew Caplin & John Leahy, *Psychological Expected Utility Theory and Anticipatory Feelings*, 116 Q. J. Econ. 55 (2001); George Loewenstein, *Anticipation and the Valuation of Delayed Consumption*, 97 Econ. J. 666 (1987); Thomas C. Schelling, *The Mind as a Consuming Organ*, in The Multiple Self (ed. J. Elster 1987).

14. Niklas Karlson et al., *The Ostrich Effect: Selective Avoidance of Information*, 38 J. Risk Uncertainty 95 (2009); Nachum Sicherman et al., *Financial Attention*, 29 Rev. Fin. Stud. 863 (2016), http://dx.doi.org/10.2139/ssrn.2120955.

15. Rebecca L. Thornton, *The Demand for, and Impact of, Learning HIV Status*, 98 Am. Econ. Rev. 1829 (2008).

16. Emily Oster et al., *Optimal Expectations and Limited Medical Testing: Evidence from Huntington Disease*, 103 Am. Econ. Rev. 804 (2013).

17. 例如參見：Yumi Iwamitsu et al., *Anxiety, Emotional Suppression, and Psychological Distress before and after Breast Cancer Diagnosis*,

46 Psychosomatics 19 (2005).

18. 參見：Eun Kyoung Choi et al., *Associated with Emotional Response of Parents at the Time of Diagnosis of Down Syndrome*, 16 J. for Specialists in Pediatric Nursing 113 (2011).

19. 參見：Theresa Marteau and John Weinman, *Self-Regulation and the Behavioural Response to DNA Risk Information: A Theoretical Analysis and Framework for Future Research*, 62 Soc. Sci.& Med. 1360 (2006).

20. Howard Leventhal, *Fear Appeals and Persuasion: The Differentiation of a Motivational Construct*, 61 Am. J. Pub. Health 1208 (1971); Ronald W. Rogers, *A Protection Motivation Theory of Fear Appeals and Attitude Change*, 91 J. Psych. 93 (1975); Sabine Loeber et al., *The Effect of Pictorial Warnings on Cigarette Packages on Attentional Bias of Smokers*, 98 Pharmacology Biochemistry Behav. 292 (2011).

21. Tali Sharot, The Optimism Bias (2012).

22. 例如：Amos Tversky & Daniel Kahneman, *Judgment under Uncertainty: Heuristics and Biases*, in Judgment under Uncertainty: Heuristics and Biases 3, 11 (Daniel Kahneman et al. eds., 1982).

23. Bryan Bollinger et al., *Calorie Posting in Chain Restaurants* (Nat'l Bureau of Econ. Research, Working Paper No. 15648, 2010), https://www.nber.org/papers/w15648.

24. Robert Jensen, *The (Perceived) Returns to Education and the Demand for Schooling*, 125 Q. J. Econ. 515 (2010).

25. Hunt Allcott, *Social Norms and Energy Conservation*, 95 J. Pub.

Econ.1082 (2011).

26. W. Kip Viscusi, *Do Smokers Underestimate Risks?*, 98 J. Pol. Econ.1253 (1990).

27. Paul Slovic, *Rejoinder: The Perils of Viscusi's Analyses of Smoking Risk Perceptions*, 13 J. Behav. Decision Making 273 (2000).

28. Uri Gneezy, *Deception: The Role of Consequences*, 95 Am. Econ. Rev. 384 (2005).

29. 例如參見：Kathleen Valley, *How Communication Improves Efficiency in Bargaining Games*, 38 Games Econ.Behav.127 (2002).

30. 有些時候，認知偏誤也會有類似的效果。所謂「知識的詛咒」（curse of knowledge），指的是擁有一些獨有資訊的人，常常會高估別人了解這項資訊的程度。Colin F. Camerer, *The Curse of Knowledge in Economic Settings: An Experimental Analysis*, 97 J. Pol. Econ.1232, 1245 (1989).根據作者的附註：「這項詛咒會讓擁有較多知識的人以為其他人也擁有這些知識，於是得以減輕資訊不對稱造成的效率低落問題，讓結果更接近資訊對稱時的最佳結果。在這種時候，對個人的詛咒反而能夠提升整體社會的福利。」Id.

31. Daylian M. Cain et al., *The Dirt on Coming Clean: Perverse Effects of Disclosing Conflicts of Interest*, 34 J. Legal Stud. 1 (2005).

32. Daylian M. Cain et al., *When Sunlight Fails to Disinfect: Understanding the Perverse Effects of Disclosing Conflicts of Interest*, 37 J. Consumer Res. 836 (2010).

33. Id.

34. Id.

35. Sunita Sah et al., *The Burden of Disclosure: Increased Compliance with Distrusted Advice*, 104 J. Personality Soc. Psychol.289 (2013); Sunita Sah et al., *Insinuation Anxiety: Concern that Advice Rejection Will Signal Distrust after Conflict of Interest Disclosures*, 45 Pers. Soc. Psychol. B. 1099 (2019).

36. 例　如：Archon Fung et al., Full Disclosure: The Perils and Promise of Transparency (2007).

37. Ginger Zhe Jin & Phillip Leslie, *The Effect of Information on Product Quality: Evidence from Restaurant Hygiene Grade Cards*, 118 Q. J. Econ. 409 (2003).同一批作者也找出證據，證明強制揭露會比自願揭露更有效；另外還發現，雖然餐廳評等確實能讓衛生有所改進，但看到先前的分數，也會影響後續評分員的評分。

38. Thomas Gilovich et al., *The Spotlight Effect in Social Judgement: An Egocentric Bias in Estimates of the Salience of One's Own Actions and Appearance*, 78 J. Personality Soc. Psychol.211 (2000).

39. Edgar Allen Poe, *The Tell-Tale Heart* (1843).

40. 例如參見：Maureen O'Dougherty et al., *Nutrition Labeling and Value Size Pricing at Fast Food Restaurants: A Consumer Perspective*, 20 Am. J. Health Promotion 247 (2006). 但也請參見 Bollinger et al., supra note 23，其中發現這會對消費者選擇有不小的影響。

41. Alexa Namba et al., *Exploratory Analysis of Fast-Food Chain Restaurant Menus before and after Implementation of Local Calorie-*

Labeling Policies, 2005–2011, 10 Preventing Chronic Disease 1 (2013).

42. 在實驗組與對照組的餐廳當中，主菜的平均熱量並未顯示類似的變化（有可能是在標示熱量之後，不健康的選項反而就會往更不健康的方向去發展）。

43. Pierre Chandon & Brian Wansink, *The Biasing Health Halos of FastFood Restaurant Health Claims: Lower Calorie Estimates and Higher SideDish Consumption Intentions*, 34 J. Consumer Res. 301 (2007).

44. Jessica Wisdom, *Promoting Healthy Choices: Information vs. Convenience*, 99 Am. Econ. J.: Applied 159 (2010).

45. Richard G. Newell et al., *The Induced Innovation Hypothesis and Energy-Saving Technological Change*, 114 Q. J. Econ. 941 (1999).

46. Paul Waide, Energy Labeling around the Globe, paper presented at Energy Labels—A Tool for Energy Agencies (Oct. 19, 2004).

47. Cynthia L. Estlund, *Just the Facts: The Case for Workplace Transparency*, 63 Stan. L. Rev. 351 (2011)。

48. Susanna Kim Ripken, *The Dangers and Drawbacks of the Disclosure Antidote: Toward a More Substantive Approach to Securities Regulation*, 58 Baylor L. Rev. 139 (2006).

49. Saurabh Bhargava & Dayanand Manoli, Psychological Frictions and the Incomplete Take-Up of Social Benefits: Evidence from an IRS Field Experiment, 105 Am. Econ. Rev. 3489 (2015).

50. Jennifer Thorne & Christine Egan, *An Evaluation of the Federal Trade Commission's EnergyGuide Appliance Label: Final Report*

and Recommendations, American Council for an Energy-Efficient Economy (2002), http://aceee.org/research-report/a021; Stephen Wiel & James E. McMahon, *Governments Should Implement Energy-Efficiency Standards and Labels-Cautiously*, 31 Energy Pol'y 1403 (2003).

51. Richard G. Newell & Juha V. Siikamäki, *Nudging Energy Efficiency Behavior: The Role of Information Labels* 1–41 (Nat'l Bureau of Econ. Research, Working Paper No. 19224, 2013), https://www.nber.org/papers/w19224.

52. Id.; Appliance Labeling Rule, 72 Fed. Reg. 6,836 (Feb. 13, 2007) (16 C.F.R. pt. 305). 然而在這項研究中，標示二氧化碳資訊之後，反而有15％的消費者對於較高能效產品的支付意願**降低**。這種意外的結果，可能是因為出於對「環境議題」的政治反應，也反映出這些政治反應會對能效概念的推廣有何負面作用。Dena M. Gromet et al., *Political Ideology Affects Energy-Efficiency Attitudes and Choices*, 110 Proc. Nat'l Acad. Sci.9314 (2013).

53. 參見：Steven K. Dallas et al., *Don't Count Calorie Labeling Out*, 29 J. Consumer Psychology 260 (2018).

54. 例如參見：Christopher K. Hsee et al., *Preference Reversals between Joint and Separate Evaluations of Options: A Review and Theoretical Analysis*, 125 Psychol. Bulletin 576 (1999).

55. Jeffrey Kling et al., *Comparison Friction: Experimental Evidence from Medicare Drug Plans*, 127 Q. J. Econ. 199 (2012).

56. Marianne Bertrand & Adair Morse, *Information Disclosure,*

Cognitive Biases, and Payday Borrowing, 66 J. Fin. 1865 (2011).

57. Justine S. Hastings & Lydia Tejeda-Ashton, *Financial Literacy, Information, and Demand Elasticity: Survey and Experimental Evidence from Mexico*, 1–34 (Nat'l Bureau of Econ. Research, Working Paper No. 14538, 2008).

58. Michael Luca & Jonathan Smith, *Salience in Quality Disclosure: Evidence from the U.S. News College Rankings*, 22 J. Econ. Mgmt. Strategy 58 (2013).

59. 同樣的，波普（Pope）發現醫院（以及院內科別）排名的改變會大大影響病患數量，但排名時所使用的連續性尺度（理論上可以評量得更為精細）卻沒有顯著的額外影響。Devin G. Pope, *Reacting to Rankings: Evidence from "America's Best Hospitals"*, 28 J. Health Econ. 1154 (2009).

60. Justine S. Hastings & Jeffrey M. Weinstein, *Information, School Choice, and Academic Achievement: Evidence from Two Experiments*, 123 Q. J. Econ. 1373 (2008).

61. 然而，如果從自然實驗法的結果看來，將各校學業成績資訊（雖然在這裡是較為複雜的形式）寄給家長，確實能讓家長選校時做出更好的選擇。

62. 達菲和柯寧科（Duffy & Kornienko）做了一項聰明的實驗，發現一樣是參與輪流的「獨裁者賽局」（dictator game），雖然排名第一也不會有任何獎賞，但受試者之間如果是以「慷慨程度」來排名（公開將受試者從最慷慨到最不慷慨進行排名），所捐出的錢將會高於以「所得」來排名（將受試者從所得最高排到最低）的狀況。John

297

Duffy & Tatiana Kornienko, *Does Competition Affect Giving?*, 74 J. Econ. Behav. Org. 82 (2010).

63. P. Wesley Schultz et al., *The Constructive, Destructive, and Reconstructive Power of Social Norms*, 18 Psych. Sci.429 (2007).

64. Hunt Allcott & Todd Rogers, *The Short-Run and Long-Run Effects of Behavioral Interventions: Experimental Evidence from Energy Conservation*, 104 Am. Econ. Rev. 3003 (2014); Hunt Allcott, Social Norms and Energy Conservation, 95 J. Public Econ. 1082 (2011).

65. Bhargava & Manoli, supra note 49.

66. Aaron K. Chatterji & Michael W. Toffel, *How Firms Respond to Being Rated*, 31 Strategic Mgmt. 917 (2010).

67. Archon Fung & Dara O'Rourke, *Reinventing Environmental Regulation from the Grassroots Up*, 25 Env. Mgmt.115 (2000); James T. Hamilton, Regulation through Revelation (2005); Shameek Konar & Mark Cohen, *Information as Regulation: The Effect of Community Right to Know Laws on Toxic Emissions*, 32 J. Env. Econ.Mgmt.109 (1997).

68. 參見：Sah & Loewenstein, supra note 11.

69. The George Washington University School of Public Health and Health Services, Pharmaceutical Marketing Expenditures in the District of Columbia, 2010 (2012), http://doh.dc.gov/ sites/default/files/dc/sites/doh/publication/attachments/ pharmaceutical_marketing_ expenditures_in_the_district_of_ columbia_2010.pdf.

70. Mary Graham, *Regulation by Shaming*, Atlantic Monthly, Apr. 2000.

71. Wendy Nelson Espeland & Michael Sauder, *Rankings and Reactivity: How Public Measures Recreate Social Worlds*, 113 Am. J. Soc. 1 (2007).

72. Schultz et al., supra note 63；另外參見：Dora L. Costa & Matthew E. Kahn, *Energy Conservation "Nudges" and Environmentalist Ideology: Evidence from a Randomized Residential Electricity Field Experiment*, 11 J. Eur. Econ. Ass'n 680 (2010)，發現共和黨人增加能源使用量。

73. 例如參見：Nisbett & Ross, supra note 9.

74. Ron Borland et al., *Impact of Graphic and Text Warnings on Cigarette Packs: Findings from Four Countries Over Five Years*, 18 Tobacco Control 358 (2009); David Hammond et al., *Effectiveness of Cigarette Warning Labels in Informing Smokers about the Risks of Smoking: Findings from the International Tobacco Control (ITC) Four Country Survey*, 15 Tobacco Control iii19 (2006); Michelle M. O'Hegarty et al., *Reactions of Young Adult Smokers to Warning Labels on Cigarette Packages*, 30 Am. J. Preventive Med. 467 (2006); James F. Thrasher et al., *Estimating the Impact of Pictorial Health Warnings and "Plain" Cigarette Packaging: Evidence from Experimental Auctions among Adult Smokers in the United States*, 102 Health Pol'y 41 (2011).

75. Zain Ul Abedeen Sobani et al., *Graphic Tobacco Health Warnings: Which Genre to Choose?*, 14 Int'l J. Tuberculosis Lung Disease 356

(2010).

76. 例如參見：Sabine Loeber et al., *The Effect of Pictorial Warnings on Cigarette Packages on Attentional Bias of Smokers*, 98 Pharmacology Biochemistry Behav. 292 (2011).

77. Cass R. Sunstein, Simpler: The Future of Government (2013).

第四章 說者無心，聽者有意

1. 另一項類似的推論問題研究，參見：Juanjuan Zhang, Policy and Inference: The Case of Product Labeling (Sept. 23, 2014) (unpublished manuscript), http://jjzhang.scripts.mit.edu/docs/Zhang_2014_ GMO.pdf. Zhang提出一項有趣的初步實證研究，顯示（相較於不採取任何行動），若強制要求揭露基改成分，會讓人民覺得似乎有較高的風險。

2. 參見：id.

3. Oren Bar-Gill et al., *Drawing False Inferences from Mandated Disclosures*, 3 Behavioural Public Policy 209 (2019).

4. US Food and Drug Administration, Guidance for Industry: Voluntary Labeling Indicating Whether Foods Have or Have Not Been Derived from Genetically Engineered Plants 7 (2015).

5. 參見：Cass R. Sunstein, *The Limits of Quantification*, 102 Cal. L. Rev. 1369 (2014).

第五章 道德錯誤

1. Conflict Minerals, 77 Fed. Reg. 56,274, 56,277–78 (Sept. 12, 2012) (codified at 17 C.F.R. pts. 240 and 249b).

2. 16 U.S.C. § 1385 (2012).

3. Id.

4. Sydney E. Scott et al., *Evidence for Absolute Moral Opposition to Genetically Modified Food in the United States*, 11 Persp. Psychol. Sci.315, 316 (2016).

5. National Bioengineered Food Disclosure Standard, Pub. L. No. 114-216 (2016) (codified at 7 U.S.C. § 1621 et seq. (2016)).

6. 參見：Denis Swords, *Ohio v. United States Department of the Interior: A Contingent Step Forward for Environmentalists*, 51 La. L. Rev. 1347 (1991)。相關理論議題請見：Robert Goodin, Green Political Theory (1992).

7. 關於這些議題的詳細討論，請見：Eric Posner & Cass R. Sunstein, *Moral Commitments in Cost-Benefit Analysis*, 103 Va. L. Rev. 1809 (2017)；較簡略的討論參見：Cass R. Sunstein, The Cost-Benefit Revolution (2017)。我借用部分討論內容。

8. 參見：Deven Carlson et al., Monetizing Bowser: A Contingent Valuation of the Statistical Value of Dog Life (2019), https://www.cambridge.org/core/journals/journal-of-benefit-cost-analysis/article/monetizing-bowser-a-contingent-valuation-of-the-statistical-value-of-dog-life/86EB120F86F7376DC366F6578C8CFEF1.

9. 參見：Conflict Minerals, 77 Fed.Reg. 56,274, 56,333–36 (Sept. 12, 2012) (codified at 17 C.F.R. pts. 240, 249b).

10. 21 U.S.C. § 343(w) (2012).

11. 參見：Peter Singer, Animal Liberation 5–7 (1975).

12. Jeremy Bentham, An Introduction to the Principles of Morals and Legislation 282–83 (J. H. Burns & H. L. A. Hart eds., 1996).

13. 參見：15 U.S.C. § § 78m(p) (2012).

14. Nat'l Ass'n of Mfrs. v. SEC, 748 F.3d 359, 369–70 (D.C. Cir. 2014).

15. Conflict Minerals, 77 Fed. Reg. 56,274, 56,334 (Sept. 12, 2012) (codified at 17 C.F.R. pts. 240 and 249b).

16. Id. at 56,350.

17. National Ass'n of Mfrs., 748 F.3d at 370.

18. Id. at 369.

第六章　幫臉書訂價

1. 當然，也有一些爭議在於用戶的隱私是否受到侵犯，以及他們是否知道自身資訊被使用的方式。關於相關討論（與此處分析有所重疊），請參見：Angela G. Winegar & Cass R. Sunstein, *How Much Is Data Privacy Worth? A Preliminary Investigation*, 42 J. Consumer Pol'y 440 (2019).

2. 參見：Richard H. Thaler, Misbehaving (2016).

3. Charles Plott & Kathryn Zeiler, *The Willingness to Pay–Willingness to Accept Gap, the "Endowment Effect," Subject Misconceptions, and Experimental Procedures for Eliciting Valuations*, 95 Am. Econ. Rev. 530 (2005).

4. 這裡的樣本並不具全國代表性，但確實已經有一定的人口多元性。我現在也正進行一項具全美國代表性的調查，目前不宜在此報告結果，但可以說與這項探索性調

查結果大致相同。

5. 參見：Daniel Kahneman et al., *Experimental Tests of the Endowment Effect and the Coase Theorem*, 98 J. Pol.Econ.1325 (1998).

6. 參見：id.; Keith M. Marzilli Ericson & Andreas Fuster, *The Endowment Effect* 1–34 (Nat'l Bureau of Econ. Research, Working Paper No. 19384, 2013), http://www.nber.org/papers/w19384; Carey K. Morewedge & Colleen E. Giblin, *Explanations of the Endowment Effect: An Integrative Review*, 18 Trends Cognitive Sci. 339 (2015).

7. 例如參見：Christoph Kogler et al., *Real and Hypothetical Endowment Effects when Exchanging Lottery Tickets: Is Regret a Better Explanation than Loss Aversion?*, 37 J. Econ. Psychol.42 (2013).一般常認為稟賦效應是出自於損失規避，但單純這樣解釋似乎還不夠完整。參見：Morewedge & Giblin, supra note 6.

8. 這裡的人口統計學差異（性別、種族、教育、收入、地區）均未達顯著，但由於只是採用小樣本，不應對此過分強調。但或許我可以說，無論男性或女性，對第一個問題回覆的中位數為1美元，男性的平均數為7.98美元、女性平均數為6.92美元；共和黨的中位數為2美元，平均數為11美元；民主黨的中位數為1美元，平均數為8.74美元；沒有政黨傾向的中位數為0，平均數為3.36美元。對於第二個問題，男性的中位數為57美元，平均數為75.44美元；女性的中位數為59美元，平均數為74.63美

元。共和黨的中位數為59美元，平均數為78.25美元；民主黨的中位數為53美元，平均數為71.34美元；沒有政黨傾向的中位數為60美元，平均數為77.14美元。

9. 一些關於稟賦效應的理論基礎與專業知識的問題，可參見：Plott & Zeiler, supra note 3。至於有助理解的一些討論，可參見：Ericson & Fuster, supra note 6，以及Andrea Isoni et al., *The Willingness to Pay–Willingness to Accept Gap, the "Endowment Effect," Subject Misconceptions, and Experimental Procedures for Eliciting Valuations: Comment*, 101 Am. Econ. Rev. 991 (2011).

10. 參見：Cass R. Sunstein, *Endogenous Preferences, Environmental Law*, 22 J. Legal Stud.217 (1993); Simon Dietz and Frank Venmans, *The Endowment Effect and Environmental Discounting* (Ctr. Climate Change Econ. Pol'y Working Paper No. 264, 2017), http://www.lse.ac.uk/GranthamInstitute/wp-content/uploads/2016/08/Working-paper-233-Dietz-VenmansupdateMarch17.pdf.

11. Dan Brookshire & Don Coursey, *Measuring the Value of a Public Good: An Empirical Comparison of Elictation Procedures*, 77 Am. Econ. Rev. 554 (1987).

12. Judd Hammock & G. M. Brown, Waterfowl and Wetlands: Toward Bioeconomic Analysis (1974).

13. Robert Rowe et al., *An Experiment on the Economic Value of Visibility*, 7 J. Env't Econ. Mgmt.1 (1980).

14. Daniel Kahneman et al., *Fairness and the Assumptions of Economics,*

59 J. Bus. S285 (1986).

15. Id.

16. 參見：Truman Bewley, Why Wages Don't Fall During A Recession (1995).

17. Shane Frederick et al., *Opportunity Cost Neglect*, 36 J. Consumer Res. 551 (2009).如果講到環境議題，還會牽涉到「良心」這個因素。像是如果詢問民眾，他們要多少錢才會允許（例如）北極熊滅絕，他們可能會說再多錢都不行，又或者會提出某個金額，表達出北極熊滅絕會傷害的並不是他們的福利效果，而是他們的責任感。關於這裡的部分議題，請參見：Eric Posner & Cass R. Sunstein, *Moral Commitments in Cost-Benefit Analysis*, 103 Va. L. Rev. 1809 (2017).

18. Erik Brynjolfsson et al., *Using Massive Online Choice Experiments to Measure Changes in Well-Being* (Nat'l Bureau of Econ. Res. Working Paper No. 24514, 2018), http://www.nber.org/papers/w24514. 這裡只著重他們研究的部分結論，其實另外還有許多發人深省的發現。

19. 參見：Edward McCaffery et al., *Framing the Jury: Cognitive Perspectives on Pain and Suffering Awards*, 81 Va. L. Rev. 1341 (1995).

20. 相關討論請見：Paul Dolan, Happiness by Design (2014).

21. 這裡我要保留一種可能性，也就是這些回答或許是出於「被問到這些問題」而在認知或情緒上的回應；就像是那些賭氣或義憤的回答。

22. 參見：John Bronsteen et al., *Well-Being Analysis vs. Cost-Benefit Analysis*, 62 Duke L. J. 1603 (2013); Cass R. Sunstein, The Cost-Benefit Revolution (2018). 幸福感有兩項不同的組成元素：愉悅（pleasure）與意義（purpose），可參見：Dolan, supra note 20。對於許多社群媒體的使用者而言，很有可能雖然增加愉悅、卻並未提升意義；又或是兩者均未增加，只是出於癮頭而繼續使用社群媒體，這時候的幸福感就不增反減。此外，每次要分析福利效果，最後必然都會牽涉到嚴肅的哲學議題。參見：Matthew Adler, Well-Being and Fair Distribution (2011).

23. Hunt Allcott et al., The Welfare Effects of Social Media (unpublished draft 2019).

24. Xiaomeng Hu et al., *The Facebook Paradox: Effects of Facebooking on Individuals' Social Relationships and Psychological Well-Being*, 8 Frontiers Psychol. 87 (2017); Sebastian Valenzuela et al., *Is There Social Capital in a Social Network Site? Facebook Use and College Students' Life Satisfaction, Trust, and Participation*, 14 J. Computer-Mediated Comm. 875 (2009); E. C. Tandoc et al., *Facebook Use, Envy, and Depression among College Students*, 43 Computer Hum. Behav.139 (2015); Ethan Kloss et al., *Facebook Use Predicts Declines in Subjective Well-Being in Young Adults*, PLOS One (2013), http://journals.plos.org/plosone/article?id=10.1371/journal.pone.0069841.

25. Kloss et al., supra note 24.

26. 例如參見：Sebastian Valenzuela et al., supra note 24.

第七章　淤泥效應

1.　Paperwork Reduction Act of 1995, Pub. L. 104-13, 109 Stat. 163 (codified as amended at 44 U.S.C. §§ 3501–3521 (2012)).

2.　44 U.S.C. § 3504(c) (2012) (emphasis added).

3.　44 U.S.C. § 3514(a) (2012).

4.　Off. of Mgmt. & Budget, Information Collection Budget of the United States Government 2 (2016), https://www.whitehouse. gov/sites/whitehouse.gov/files/omb/inforeg/inforeg/icb/icb_2016. pdf (https://perma.cc/3FYG-M93W)（以下稱Information Collection Budget 2016）。令人不解的是，雖然法律有此要求，但川普政府並未提出這項年度報告。參見：Office of Management and Budget Reports, WhiteHouse.gov, https:// www.whitehouse.gov/omb/information-regulatory-affairs/reports (https://perma.cc/B75H-FAL3)，其中所列最新資料為2016年資訊蒐集預算。

5.　Government-Wide Totals for Active Information Collections, OIRA, https://www.reginfo.gov/public/do/ PRAReport?operation=11 (https://perma.cc/H9K2-J424).

6.　參見：Request for Comments on Implementation of the Paperwork Reduction Act, 74 Fed. Reg. 55,269 (Oct. 27, 2009). 當時我正擔任資訊與管制事務處主任，而管理預算局和資訊與管制事務處都在1999年問了類似的問題。參見：Notice of Reevaluation of OMB Guidance on Estimating Paperwork Burden, 64 Fed.Reg. 55,788 (Oct. 14, 1999).有一些

寶貴的相關討論，大致可參見：Adam M. Samaha, *Death and Paperwork Reduction*, 65 Duke L. J. 279 (2015).

7. 這裡用時薪20美元，是為了簡化說明。聯邦政府並沒有標準時薪，但在法規影響評估當中是採用勞工統計局（Bureau of Labor Statistics）的數字，也就是平均在27美元左右。例如參見：Dep't of Health and Hum. Serv. & Food and Drug Admin., Docket No. FDA-2016-N-2527, Tobacco Product Standard for N-Nitrosonornicotine Level in Finished Smokeless Tobacco Products 78 (Jan. 2017), https://www.fda.gov/downloads/aboutfda/reportsmanualsforms/reports/economicanalyses/ucm537872.pdf (https://perma.cc/46HT-25RZ)：「依據勞工統計局（US Bureau of Labor Statistics, 2015）公布的2015年5月《職類別就業統計》（Occupational Employment Statistics）當前市場工資，計算人工工時的價值」；*Average Hourly and Weekly Earnings of All Employees on Private Nonfarm Payrolls by Industry Sector, Seasonally Adjusted*, Bureau of Lab.Stat., https://www.bls.gov/news.release/empsit.t19.htm (https://perma.cc/42WN-8CDG)則將2019年1月私部門平均時薪列為27.56美元；另外參見：Samaha, supra note 6, at 298：「由於不知道將會隨機選到哪些受試者參與調查，〔博物館和圖書館服務研究所（Institute of Museum and Library Services）〕採用全國人均收入每小時約20美元，將受試者的時間轉換為美元成本。」

8. Cf. Pamela Herd & Donald Moynihan, Administrative Burden: Policymaking by Other Means 22–30 (2019)，其中討論行政

負擔的概念，並列出其組成成分；大致可參見：Elizabeth F. Emens, *Admin*, 103 Geo.L. J. 1409 (2015)，其中解釋各種行政任務（例如文書作業）如何妨礙個人（特別是女性）的休閒、睡眠、人際關係與工作；Elizabeth F. Emens, Life Admin: How I Learned to Do Less, Do Better, and Live More (2019)則是說明行政負擔對生活的影響，並提出減輕影響的建議。

9. Richard H. Thaler, *Nudge, Not Sludge*, 361 Sci. 431 (2018).

10. 這裡我將淤泥效應與推力的概念合起來談。大家應該都很清楚，推力的影響可好可壞；壞的影響可參見：George Akerlof & Robert Shiller, Phishing for Phools (2015)，其中提到例如肉桂捲品牌Cinnabon的創辦人里奇與葛瑞格（Rich and Greg Komen）就用推力讓民眾做出「不健康」的選擇，吃下Cinnabon肉桂捲。我在這裡想指出，淤泥效應也有可能形成好的影響，但或許現在還是先談壞的影響即可。相關的重要議題都還需要更多研究，而就目前的討論而言，希望現在的例子還足以說明。

11. 參見：Eric Bettinger et al., *The Role of Simplification and Information in College Decisions: Results from the H&R Block FAFSA Experiment* 1 (Nat'l Bureau of Econ. Research, Working Paper No. 15361, 2009), https://www.nber.org/papers/w15361 (https://perma.cc/66EG-VQXD)：「為了判斷是否符合資格，學生與家長必須填寫一份長達8頁、充滿細節的申請表，名為〈聯邦學生補助免費申請〉（FAFSA），裡面要回答超過100個問題。」

12. 參見：Susan Dynarski & Mark Wiederspan, *Student Aid Simplification: Looking Back and Looking Ahead* 8–11 (Nat'l Bureau of Econ. Research, Working Paper No. 17834, 2012), https://www.nber.org/papers/w17834 (https://perma.cc/5VTH-682V).

13. 例如參見：Herd & Moynihan, supra note 8, at 47–60; La.Advisory Committee for the US Commission on Civil Rights, Barriers to Voting in Louisiana 25–26 (2018), https://www.usccr.gov/pubs/2018/08-20-LA-Voting-Barriers.pdf (https://perma.cc/VCV4-BVQB)，其中建議減少選民登記相關的文書作業，使選民更方便投票；Jonathan Brater et al., Brennan Ctr. for Justice, Purges: A Growing Threat to the Right to Vote (2018), http://www.brennancenter.org/publication/purges-growing-threat-right-vote (https://perma.cc/74YE-P6ZP); The Leadership Conf. Educ. Fund, The Great Poll Closure (2016), http://civilrightsdocs.info/pdf/reports/2016/poll-closure-report-web.pdf (https://perma.cc/GRS7-953K).

14. 參見：Dept. of Agriculture, Direct Certification in the National School Lunch Program: State Implementation Progress, School Year 2014–2015 (2015), https://www.fns.usda.gov/direct-certification-national-school- lunch-program-report-congress-state-implementation-progress-0 (https://perma.cc/D6PP-X4GL), at 2：「要進行直接核可的時候，通常需要在州或地方教育機關層級將學生入學名冊與SNAP、TANF與FDPIR的紀錄做比對。」

15. Rob Griffin et al., Who Votes with Automatic Voter Registration? Impact Analysis of Oregon's First-in-the-Nation Program (2017), https://www.americanprogress.org/issues/ democracy/reports/2017/06/07/433677/votes-automatic-voter-registration/#fn-433677-2 (https://perma.cc/9L7K-YPWX).

16. 參見：Felice J. Freyer, *Emergency Rooms Once Offered Little for Drug Users: That's Starting to Change*, Boston Globe (Dec. 10, 2018), https://www.bostonglobe.com/metro/2018/12/09/ emergency-rooms-once-had-little-offer-addicted-people-that-starting-change/guX2LGPqG1Af9xUV9rXI/story.html [https:// perma.cc/FH6P-C2UF].

17. 參見：id.

18. 參見：Herd & Moynihan, supra note 8, at 23; Donald Moynihan et al., *Administrative Burden: Learning, Psychological, and Compliance Costs in Citizen-State Interactions*, 25 J. Pub. Admin. Res. Theory 43, 45–46 (2014).

19. 參見：Janet Currie, *The Take up of Social Benefits* 11–12 (Inst. for the Study of Labor in Bonn, Discussion Paper No. 1103, 2004)，其中檢視美英兩國社會福利的申請率；大致也可參見：Katherine Baicker et al., *Health Insurance Coverage and Take-Up: Lessons from Behavioral Economics*, 90 MilbankQ. 107 (2012)，其中從行為經濟學觀點，檢視健康保險的低投保率問題；Carole Roan Gresenz et al., *Take-Up of Public Insurance and Crowd-Out of Private Insurance under Recent CHIP Expansions to Higher Income Children*, 47 Health Servs.Res.1999 (2012)分析擴

大兒童醫療保險計畫（CHIP）資格會對健保投保率有何影響；Saurabh Bhargava & Dayanand Manoli, *Improving Take-Up of Tax Benefits in the United States*, Abdul Latif Jameel Poverty Action Lab (2015), https://www.povertyactionlab.org/evaluation/improving-take-tax-benefits-united-states (https://perma.cc/TPW8-XDHU)指出：在美國，「許多人雖然符合社會與經濟補助資格，卻未申請相關補助」。

20. Brigitte C. Madrian & Dennis F. Shea, *The Power of Suggestion: Inertia in 401(k) Participation and Savings Behavior*, 116 Q. J. Econ. 1149, 1185 (2001)，指出惰性會妨礙參與401(k)計畫；另外參見：John Pottow & Omri Ben-Shahar, *On the Stickiness of Default Rules*, 33 Fla.St. U. L. Rev. 651, 651 (2006)：「現在已經了解，除了擬約成本（drafting cost）以外，還有其他因素也可能讓人繼續堅守不合宜的預設規定。」

21. George Akerlof, *Procrastination and Obedience*, 81 Am. Econ. Rev. 1, 1–17 (1991)，檢視幾項「行為病理」（behavioral pathologies），其中就包括拖延。

22. 參見：Ted O'Donoghue & Matthew Rabin, *Present Bias: Lessons Learned and to be Learned*, 105 Am. Econ. Rev. 273, 273–78 (2015).

23. Joshua Tasoff & Robert Letzler, *Everyone Believes in Redemption: Nudges and Overoptimism in Costly Task Completion*, 107 J. Econ. Behav. & Org. 107, 115 (2014).

24. 一個特別誇張的例子可參見：Peter Bergman, Jessica Laskey-Fink, & Todd Rogers, *Simplification and Defaults Affect Adoption*

and Impact of Technology, but Decision Makers Do Not Realize This (Harvard Kennedy School Faculty Research Working Paper Series, Working Paper No. RWP17-021, 2018), https://ssrn.com/abstract=3233874 (https://perma.cc/YWN6-BBCJ).

25. National Voter Registration Act of 1993, 52 U.S.C. § 20507(d) (2012)。「國家選民登記法」（National Voter Registration Act）的其中一項目的，就是要「確保有準確與最新的選民登記名冊」。52 U.S.C. § 20501(b)(4).

26. 例如參見：Iowa Code § 48A.28.3 (2018)，允許每年寄送通知書；Ga. Code Ann. § 21-2-234(a)(1)–(2) (2018)，將通知書寄給三年「沒有聯絡」的登記人；Pa. Stat. Ann., tit. 25, § 1901(b)(3) (2018)，將通知書寄給五年沒有投票的選民；Ohio Rev. Code Ann. § 3503.21(B)(2) (2018)，將通知書寄給連續兩次聯邦選舉未投票的選民。也請注意，某些州寄送通知書的標準是根據一些可疑的州際資料庫比對。例如參見：Okla. Admin.Code § 230:15-11-19(a) (3) (2018)，將通知書寄給自從「前兩屆大選」以來均未投票、或是經過州際資料庫間比對認定投票登記有問題的選民；Wis. Stat. Ann. § 6.50(1) (2018)，將通知書寄給四年沒有投票的選民。另外參見：Brater et al., supra note 13, at 7–8，解釋為何奧克拉荷馬州這種在州際資料庫間「比對確認」的方式並不可靠、也不準確。

27. 參見：52 U.S.C. § 20507(d)(1)(ii).

28. 參見：Xavier Gabaix, *Behavioral Inattention* (Nat'l Bureau of Econ. Research, Working Paper No. 24096, 2018), https://www.

nber.org/papers/w24096 (https://perma.cc/FQ2L-M3VN).

29. 參見：Herd & Moynihan, supra note 8.相關討論請見：Jessica Roberts, *Nudge-Proof: Distributive Justice and the Ethics of Nudging*, 116 Mich. L. Rev. 1045 (2018)。「文書作業精簡法案」也支持這種想法，要求「特別重視會受到最嚴重不良影響的個人與實體」。44 U.S.C. § 3504(c)(3) (2012).

30. 參見：Joyce He et al., Leaning In or Not Leaning Out? Opt-Out Choice Framing Attenuates Gender Differences in the Decision to Compete (Nat'l Bureau of Econ. Research, Working Paper No. 24096, 2019), https://www.nber.org/papers/w26484.

31. 參見：Austan Goolsbee, The "Simple Return": Reducing America's Tax Burden through Return-Free Filing 2 (2006), https://www.brookings.edu/wp-content/uploads/2016/06/200607goolsbee.pdf (https://perma.cc/C695-5YQL)：「但對於能夠使用『簡易申報』（Simple Return）的數百萬納稅人而言，納稅申報就只需要檢查數字、在申報表上簽名，接著寄出支票或等著退稅就行了。」

32. 例如參見：Fla.Stat.Ann. § 741.04 (2018)，規定除非雙方上過婚前教育課程，否則結婚證書的生效日期是申請日的三天後；Mass. Ann.Laws ch. 208, § 21 (2018)，要在初步判決的90天後，離婚才生效。

33. 參見：Pamaria Rekaiti & Roger Van den Bergh, *Cooling-Off Periods in the Consumer Laws of the EC Member States: A Comparative Law and Economics Approach*, 23 J. Consumer Pol'y

371, 397 (2000)：「冷靜期或許能夠補救各種非理性行為、情境壟斷（situational monopoly）與資訊不對稱的問題」；Dainn Wie & Hyoungjong Kim, *Between Calm and Passion: The Cooling-Off Period and Divorce Decisions in Korea*, 21 Feminist Econ. 187, 209 (2015)：「若離婚原因為……不誠實、虐待或與其他家庭成員不和，冷靜期對離婚率並無顯著影響……若夫妻表示離婚原因為性格差異或經濟困難，則冷靜期能夠引發反應。」

34. 參見：Cass R. Sunstein & Richard H. Thaler, *Libertarian Paternalism Is Not an Oxymoron*, 70 U. Chi.L. Rev. 1159, 1187–1188 (2003)；大致情形可參見：Wie & Kim, supra note 32，發現強制冷靜期使韓國的最後離婚率下降。

35. 參見：Michael Luca et al., Handgun Waiting Periods Reduce Gun Deaths, 114 PNAS 12162 (2017).

36. 範例請見：US Office of Pers. Mgmt., Standard Form 86: Questionnaire for National Security Positions (2010), https://www.opm.gov/forms/pdf_fill/sf86-non508.pdf (https://perma.cc/KB9P-JJ8D).

37. 關於一些相關的權衡妥協，大致可參見：Memorandum from Jeffrey D. Zients, Dep.Dir. for Mgmt., & Cass R. Sunstein, Admin., OIRA, to Heads of Executive Departments and Agencies (Nov. 3, 2010), https://obamawhitehouse.archives.gov/sites/default/files/omb/memoranda/2011/m11-02.pdf (https://perma.cc/56QK-7HCR)，鼓勵聯邦機關在遵守隱私法規的情況下分享資料，以提升計畫的實施成效。

38. 例子包括：Albert Nichols & Richard Zeckhauser, *Targeting Transfers through Restrictions on Recipients*, 72 Am. Econ.Rev. 372 (1982); Vivi Alatas et al., *Ordeal Mechanisms in Targeting: Theory and Evidence from a Field Experiment in Indonesia* (Nat'l Bureau of Econ. Research, Working Paper No. 19127, 2013), https://www.nber.org/papers/w19127 (https://perma.cc/6XFF-QP8E); Amedeo Fossati & Rosella Levaggi, Public Expenditure Determination in a Mixed Market for Health Care (May 4, 2004) (unpublished manuscript), https://papers.ssrn.com/sol3/papers.cfm?abstract_id=539382 (https://perma.cc/GF5A-YRY5); Sarika Gupta, Perils of the Paperwork: The Impact of Information and Application Assistance on Welfare Program Take-Up in India (Nov. 15, 2017) (unpublished PhD job market paper, Harvard University Kennedy School of Government), https://scholar.harvard.edu/files/sarikagupta/files/gupta_jmp_11_1.pdf (https://perma.cc/K4HY-3YK4).

39. 參見：Information Collection Budget 2016, supra note 4, at 7.

40. 資訊與管制事務處將各種資訊蒐集要求公開，供大眾檢視。無論在學術或一般上，這些報告都應該要得到更多的注意。參見：Information Collection Review Dashboard, OIRA, https://www.reginfo.gov/public/jsp/PRA/praDashboard.myjsp?agency_cd=0000&agency_nm=All&reviewType=RV&from_page=index.jsp&sub_index=1 (https://perma.cc/PD5L-9BNJ).

41. 例如參見：Memorandum from Neomi Rao, Admin., OIRA,

to Chief Information Officers 8 (Aug. 6, 2018), https://www.
whitehouse.gov/wpcontent/uploads/2018/08/Minimizing-
Paperwork-and-Reporting-Burdens-Data-Call-for-the2018-ICB.
pdf (https://perma.cc/KF9L-N6NZ); Memorandum from Cass
R. Sunstein, Admin., OIRA, to the Heads of Exec.Dep'ts &
Agencies (June 22, 2012), https://www.dol.gov/sites/default/files/
oira-reducing-rep-paperwork-burdens-2012.pdf (https://perma.
cc/FRA5-M5P2).

42. Memorandum from Cass R. Sunstein, Admin., OIRA, to the
Heads of Exec. Dep'ts & Agencies & Indep. Reg. Agencies (Apr.
7, 2010), https://www.whitehouse.gov/sites/whitehouse.gov/files/
omb/assets/inforeg/PRAPrimer_04072010.pdf (https://perma.cc/
D3VW-ZD8T).

43. 參見：Memorandum from Cass R. Sunstein, Admin., OIRA,
to the Heads of Exec.Dep'ts & Agencies (June 22, 2012), https://
www.dol.gov/sites/default/files/oira-reducing-rep-paperwork-
burdens-2012.pdf (https://perma.cc/FRA5-M5P2).

44. Id.

45. 混合採用的方法可參見：id.

46. 例如參見：Memorandum from Neomi Rao, Admin., OIRA,
to Chief Info. Offs. 8 (July 21, 2017), https://www.whitehouse.
gov/wp-content/uploads/2017/12/MEMORANDUM-FOR-
CHIEF-INFORMATION-OFFICERS.pdf (https://perma.
cc/6PD4-25N7), same subject.

47. Memorandum from Neomi Rao, Admin., OIRA, to Chief Info.

Offs.(Aug. 6, 2018), https://www.whitehouse.gov/wpcontent/ uploads/2018/08/Minimizing-Paperwork-and-Reporting-Burdens-Data-Call-for-the2018-ICB.pdf [https://perma.cc/ KF9L-N6NZ]；另外參見：Memorandum from Howard Shelanski, Admin., OIRA, and John P. Holdren, Dir., Off. of Sci. & Tech. Pol'y, to the Heads of Exec. Dep'ts & Agencies and of the Indep. Reg. Agencies (Sept. 15, 2015) https://obamawhitehouse. archives.gov/sites/default/files/omb/inforeg/memos/2015/ behavioral-science-insights-and-federal-forms.pdf (https://perma. cc/M8MX-9K6C)，其中建議在設計如何減少文書作業負擔時數時，可參考應用行為科學。

48. 參見：Pac. Nat. Cellular v. United States, 41 Fed. Cl. 20, 29 (1998).

49. Id.（強調為筆者所加。）

50. Id.; 另外參見：Util. Air Regulatory Grp. v. EPA, 744 F.3d 741, 750 n.6 (D.C. Cir. 2014)，解釋對於受到不當要求資訊的人，「文書作業精簡法案」只能作為抗辯，而不會成為私人訴訟因由；Smith v. United States, 2008 WL 5069783 at *1 (5th Cir. 2008), same subject; Springer v. IRS, 2007 WL 1252475 at *4 (10th Cir. 2007), same subject; Sutton v. Providence St. Joseph Med. Ctr., 192 F.3d 826, 844 (9th Cir. 1999), same subject; Alegent Health-Immanuel Med. Ctr. v. Sebelius, 34 F.Supp.3d 160, 170 (D.D.C. 2014), same subject.

51. 44 U.S.C. § 3512(b) (2012) (emphasis added).

52. 42 U.S.C. § 706.

53. 參見：Cass R. Sunstein, *The Regulatory Lookback*, 94 B. U. L. Rev. 579, 592–596 (2014).

結語　你該翻開哪張牌？

1. King James Bible Online, Gen. 3.1–3.7, https://www. kingjamesbibleonline.org/Genesis-3-kjv/.
2. John Stuart Mill, Utilitarianism (Oskar Priest ed., 1957).
3. A. S. Byatt, Possession 212 (1990).

財經企管 BCB775

資訊超載的幸福與詛咒

Too Much Information: Understanding What You Don't Want to Know

作者 —— 凱斯・桑思汀（Cass R. Sunstein）
譯者 —— 林俊宏

總編輯 —— 吳佩穎
書系副總監暨責任編輯 —— 蘇鵬元
協力編輯 —— 周奕君
校對 —— 黃雅蘭
封面設計 —— Bianco Tsai

出版者 —— 遠見天下文化出版股份有限公司
創辦人 —— 高希均、王力行
遠見・天下文化 事業群董事長 —— 高希均
事業群發行人／ CEO —— 王力行
天下文化社長 —— 林天來
天下文化總經理 —— 林芳燕
國際事務開發部兼版權中心總監 —— 潘欣
法律顧問 —— 理律法律事務所陳長文律師
著作權顧問 —— 魏啟翔律師
社址 —— 台北市 104 松江路 93 巷 1 號
讀者服務專線 ——（02）2662-0012 | 傳真 ——（02）2662-0007；（02）2662-0009
電子郵件信箱 —— cwpc@cwgv.com.tw
直接郵撥帳號 —— 1326703-6 號　遠見天下文化出版股份有限公司

電腦排版 —— 立全電腦印前排版有限公司
製版廠 —— 東豪印刷事業有限公司
印刷廠 —— 祥峰印刷事業有限公司
裝訂廠 —— 聿成裝訂股份有限公司
登記證 —— 局版台業字第 2517 號
總經銷 —— 大和書報圖書股份有限公司 | 電話 ——（02）8990-2588
出版日期 —— 2022 年 7 月 31 日第一版第一次印行

國家圖書館出版品預行編目(CIP)資料

資訊超載的幸福與詛咒／凱斯・桑思汀（Cass R.
Sunstein）著；林俊宏譯. -- 第一版. -- 臺北市：遠見
天下文化出版股份有限公司，2022.07
320面：14.8×21公分. --（財經企管；BCB775）
譯自：Too Much Information : Understanding What You
Don't Want to Know.

ISBN 978-986-525-711-8(平裝)

1.CST: 資訊社會 2.CST: 資訊需求 3.CST: 資訊傳播
4.CST: 資訊管理

541.415   111010717

定價 —— NT 450 元
ISBN —— 978-986-525-711-8 | EISBN —— 9789865257125（EPUB）；9789865257132（PDF）
書號 —— BCB775
天下文化官網 —— bookzone.cwgv.com.tw

天下文化
BELIEVE IN READING